Walter Kardinal Kasper

Die Freude des Christen

Walter Kardinal Kasper

Die Freude des Christen

Patmos Verlag

VERLAGSGRUPPE PATMOS

PATMOS
ESCHBACH
GRÜNEWALD
THORBECKE
SCHWABEN

Die Verlagsgruppe
mit Sinn für das Leben

MIX
Papier aus verantwortungsvollen Quellen
FSC® C014496
FSC www.fsc.org

Für die Verlagsgruppe Patmos ist Nachhaltigkeit ein wichtiger Maßstab ihres Handelns. Wir achten daher auf den Einsatz umweltschonender Ressourcen und Materialien.

www.patmos.de

Umschlaggestaltung: Finken und Bumiller, Stuttgart
Umschlagabbildung: © Roland Rasemann, Leutkirch
Satz: Schwabenverlag AG, Ostfildern
Druck: CPI books GmbH, Leck
Hergestellt in Deutschland
ISBN 978-3-8436-1052-0

Inhalt

Vorwort

Das Thema der Freude bewegt mich schon lange. Mein Motto zur Priesterweihe vor nunmehr sechzig Jahren lautete: »Wir sind nicht Herren eures Glaubens, sondern Diener eurer Freude« (2 Kor 1,24). Da heute in der Welt und oft auch in der Kirche so wenig Freude zu spüren ist, habe ich mich nochmals an dieses Thema gemacht. Dabei ist mir neu aufgegangen, dass Freude seit jeher eine Ursehnsucht des Menschen ist. Alle Menschen wollen glücklich sein. Denn der Mensch ist für die Freude geschaffen. Eben deshalb sind Freud- und Trostlosigkeit, Trauer und Überdruss ein urmenschliches Problem.

Das Evangelium ist Botschaft der Freude und das nicht nur von der himmlischen Freude. Die mit der Hoffnung verschwisterte Freude ist Ausdruck der christlichen Freiheit; sie ist die christliche Form der Weltbewältigung wie des rechten Umgangs mit den Problemen in der Kirche. Sie ist das Kriterium, ob wir theologisch recht von Gott und recht vom Menschen reden. Darum geht es in diesem Buch nicht um die Freude *am* Christentum oder *an* der Kirche; es geht um die Freude *im* christlichen Glauben an das Evangelium und um eine grundlegende Besinnung auf den christlichen Glauben in der Welt von heute. Mehr denn je brauchen wir heute das Evangelium als Botschaft der Freude.

Mit der Besinnung auf die Freude als Ursehnsucht des Menschen und Grundbotschaft des Evangeliums soll ein Gegenakzent gesetzt werden zu großen Teilen der Philosophie und weiten Teilen der Theologie, die nach der Krise des alten

Europa im Ersten Weltkrieg und in den darauffolgenden Verwerfungen und Katastrophen des letzten Jahrhunderts vor allem das Scheitern und die Paradoxie des Menschen wie die Angst als Grundbefindlichkeit des Menschen herausgestellt und dabei die Leuchtspur der Hoffnung und der Freude in der Geschichte übersehen haben.

Die vorliegende Veröffentlichung bewegt sich auf der Linie der prophetischen Rede von Papst Johannes XXIII. bei der Eröffnung des Zweiten Vatikanischen Konzils *Gaudet mater Ecclesia* sowie der Pastoralkonstitution *Gaudium et spes*. Die Rezeption des Konzils ist keineswegs abgeschlossen, sondern steht uns in weiten Teilen noch bevor. Das Thema Freude gehört zu den Desideraten der Konzilsrezeption.

Die Freude kann man niemand beweisen, aber sie kann anstecken. Darum habe ich mehrfach auf das meist ökumenisch gemeinsame Liedgut hingewiesen, das eindrucksvoll von der christlichen Freude Zeugnis gibt. Die Verweise auf Lieder, welche in jeder Gemeinde freudig gesungen werden, sind kein aufgesetzter Zierrat, sondern ein meist vergessener *locus theologicus,* der angesichts der Situation in der Kirche wie in der Welt zum Neu- und Weiterdenken Mut macht.

Da ich bei der Ausarbeitung im Wesentlichen auf meine private Bibliothek angewiesen war und auch keine wissenschaftlichen Mitarbeiter zur Verfügung habe, konnten die inhaltliche Ausarbeitung und vor allem die Literaturhinweise nicht vollständig sein. So ist das Buch eine Einladung zum Bessermachen an jüngere Theologen und Theologinnen. Ich hoffe, dass sie dabei Freude haben.

Zu danken habe ich Dr. Ulrich Sander für die vorbildliche sachkundige Lektoratsarbeit und die gute Betreuung durch den Patmos-Verlag sowie für hilfreiche Hinweise, welche ich von den Mitarbeitern des Instituts in Vallendar erhalten habe. Zu danken habe ich vielen, die mich auf einem langen theologischen Weg begleitet haben. Meine theologischen Wurzeln liegen in der Katholischen Tübinger Schule. Darum widme ich das Buch meiner Alma Mater Tubingensis.

Rom, im Advent 2017
Kardinal Walter Kasper

I
Es ist zum Davonlaufen

Vom Mönchlein, das es in seiner Zelle nicht mehr aushält

Der Mönch Evagrius Ponticus aus dem 4. Jahrhundert und der einflussreiche Wüsten- und Mönchsvater Johannes Cassian († 435) schildern eine Geschichte, die auf den ersten Blick humorvoll, in Wirklichkeit sehr ernst ist. Sie berichten von einem Mönch, der es in seiner Zelle nicht mehr aushält.[1] Die Zelle wird ihm zu eng und die brütende orientalische Mittagshitze unerträglich. Langeweile, Überdruss und Widerwille gegen das geistliche Leben eines Mönchs überkommen ihn. All die Frömmigkeit scheint ihm nichts zu bringen; er sieht darin keinen Fortschritt und keinen geistlichen Gewinn mehr. Dann schaut er zum Fenster heraus, ob nicht ein Mitbruder kommt, um ihn zu besuchen. Aber auch da tut sich nichts. So wird er seiner Einsamkeit überdrüssig und schimpft über die anderen. Es ist einfach zum Davonlaufen. Und tatsächlich, er läuft davon. Er will aus der Enge seiner Zelle heraus, hinaus ins, wie er meint, wirkliche Leben.

Der gelehrte und berühmte Theologe Origenes sprach vom Mittagsdämon der brütenden orientalischen Mittagshitze.[2] Er war freilich klug genug, um zu erkennen, dass man diesem Mittagsdämon nicht einfach davonlaufen kann. Er verfolgt den Mönch weiter. Lauheit, Unzufriedenheit, Lustlosigkeit, Traurigkeit und immer wieder Überdruss begleiten ihn auch in Zukunft. Denn der Überdruss am mönchischen Leben kann sich sehr schnell zum Überdruss am Leben in der Welt und an den weltlichen Freuden werden.

Diese Geschichte vom Mönchlein, der davonläuft, weil er es in seiner Zelle nicht mehr aushält, hatte ein langes Nachleben. Sie wurde grundlegend nicht nur in der geistlichen Literatur; sie lebt auch in der weltlichen Literatur und in der Psychologie bis heute munter weiter.[3] In der geistlichen Literatur gelten Lustlosigkeit und Trägheit, ja Widerwille und Überdruss am geistlichen Leben als die schlimmste Versuchung und als die Grundsünde überhaupt.[4] Im weiteren Sinn versteht man darunter Traurigkeit und Überdruss am Leben, geistige Trägheit, Antriebs- und Schwunglosigkeit. Letztendlich ist sie das Nein zu der Aufforderung der Psalmen: »Dienet dem Herrn mit Freude« (Ps 100,99).

Eine kurze Begriffserklärung vorweg

Bevor wir uns den konkreten Phänomenen zuwenden, ist eine Begriffsklärung vonnöten. Gewöhnlich wird das beschriebene Phänomen des nachlassenden Eifers und des Überdruss als *acedia* bezeichnet.[5] *Acedia* ist ein spätlateinisches Wort, das dem griechischen Wort *akedeia* nachgebildet wurde, das wiederum von dem Adjektiv a-kêdos abgeleitet ist. Demnach heißt *acedia* Sorglosigkeit, Gleichgültigkeit, Trägheit. Der Mönchsvater Cassian definiert *acedia* als *taedium sive anxietatem cordis,* das heißt als Widerwillen oder auch Enge und Ängstlichkeit des Herzens.[6] Ihr stellte

Thomas von Aquin, ähnlich wie schon Paulus, die Freude als *dilatatio cordis*, als Weitwerden des Herzens, entgegen.[7]

Da es sich bei der *acedia* um ein recht komplexes Phänomen handelt, lohnt es sich, ähnliche und verwandte Begriffe zu nennen: Traurigkeit, Überdruss, Faulheit, Müdigkeit, Erschöpfung, Apathie, Trägheit und Taubheit des Geistes, Lustlosigkeit und Indifferenz gegenüber geistlichen Dingen, geistliche Lauheit und geistlicher Stumpfsinn. Verwandt sind: Niedergeschlagenheit, Melancholie, Schwermut, Weltschmerz. Als verwandte Phänomene gelten: Abulie (Willensschwäche), Willenlosigkeit, Antriebslosigkeit, Mutlosigkeit und Anomie (Gesetzlosigkeit, Mangel an gesellschaftlich moralischer Normierung, Zusammenbruch sozialer Bindungen), die bis zum Selbstmord führen kann (E. Durkheim), letztlich Verlust der Freude am Leben, insbesondere am geistlichen Leben, das Auseinanderklaffen der sozialen Wertvorstellungen und der eigenen Glückserwartung, letztlich eine tiefe Identitätskrise.

Acedia – ein Problem der gegenwärtigen Kirche

Die Geschichte von dem Mönch, der davonläuft, wiederholt sich hundert und tausend Mal, wenn Ordensleute und Priester nach einer Zeit geistlicher Lauheit und Verweltlichung aus Überdruss ihr mönchisches Leben oder ihren priesterlichen Dienst aufgeben. Doch nicht nur Priester und Ordensleute stehen in dieser Versuchung und Gefahr; auch viele Weltchristen, die über ärgerliche Vorgänge oder über manches Versagen in der Kirche erbost sind, von der Kirche genug haben, die keinen rechten Sinn mehr sehen in ihrem religiösen Leben und Tun, eine religiöse Leere empfinden und deshalb ihr Leben in der Kirche und mit der Kirche immer mehr und schließlich ganz aufgeben und sich schließlich zum Kirchenaustritt entscheiden. Es wäre falsch, *acedia* nur bei denen zu suchen, welche das Leben als Christen, Priester oder Ordensleute aufgeben. *Acedia* findet sich auch bei solchen, die bleiben, aber in die innere Emigration gehen, entweder weil sie mit reformerischen Entwicklungen unzufrieden sind, oder umgekehrt, weil die Kirche ihren weitergehenden Reformerwartungen nicht entspricht. Oft ziehen sie sich in linke oder rechte Gruppierungen zurück oder tun »Dienst nach Vorschrift« und suchen sich in der Kirche bequem weltlich einzurichten. *Acedia* hat viele Gesichter.

Wir würden uns freilich die Sache zu leicht machen, wollten wir nur mit dem Finger auf Einzelne zeigen und uns das Problem so vom Halse schaffen. Alfred Delp, einer der Märtyrer des 20. Jahrhunderts, hat kurz vor seinem Tod mit gefesselten Händen eine Meditation zur Pfingstsequenz *Veni, sancte Spiritus* geschrieben, in der er in ernüchternder Weise Ermüdungserscheinungen der Kirche selbst anspricht. Konkret spricht er vom bürgerlichen Lebensstil und von der bürokratischen Gestalt der Kirche der Gegenwart.[8]

Delp anerkennt die eigene Größe, welcher dieser Lebensstil einmal hatte. Doch er sieht seine Gefährdung darin, dass er die materiellen Güter, die der Freiheitsermöglichung und Existenzsicherung dienen sollen, benützt, um sich an sie zu verlieren, statt sie zur Erfüllung seines Auftrags zu gebrauchen. »Das war dann die Erstarrung und der Kältetod: Der Bürgersinn für die größere Verantwortung starb, und übrig blieb der bürgerliche Hunger und Durst nach Wohlfahrt,

Pflege, Ruhe, Bequemlichkeit, gesichertem Besitz ... Dieser bürgerliche Menschentyp ist für das Christentum gefährlicher als der Mensch der offenen Revolte gegen Gott, weil vor ihm selbst der Geist Gottes, man möchte sagen, ratlos steht und keinen Eingang findet, weil alles mit bürgerlichen Sicherheiten und Versicherungen verstellt ist.

Den Ungeist des bürgerlichen Sicherheitsstrebens, der den lebendigen Geist Gottes niederhält, findet Delp auch in der Kirche: »Die bürokratische Kirche ist großenteils das Werk des bürgerlichen Menschen innerhalb der Kirche. Die Kirche hat ihren eigenen Beitrag geleistet zur Entstehung und zur Entartung des bürgerlichen Menschen. Und der bürgerliche Mensch hat es nicht versäumt, sich in der Kirche breitzumachen und die Ideale der menschlichen Schwäche, Besitz, Macht, gepflegtes Dasein, gesicherte Lebensweise, innerhalb des kirchlichen Raums anzusiedeln.« *Acedia*, Erschöpfung und Ermüdung der Leidenschaft für Gott und statt Lebensfrische und schöpferischer Substanz Schwunglosigkeit und Dürre des Lebens in der Kirche sind die Folge.

Nicht nur ein kirchliches Problem

Die Geschichte des Mönchs, der es in seiner Zelle nicht mehr aushält und aus Überdruss seine Zelle verlässt, ist nicht nur ein Mönchs- oder Kirchenproblem. Es findet sich auch bei Eheleuten, die sich auseinandergelebt haben und sich nichts mehr zu sagen haben. Sie ärgern sich mehr übereinander, als sie sich miteinander freuen. Eheliche Untreue ist dann oft mehr Folge als Ursache dieser Entfremdung. Die Gründe liegen meist tiefer: Die Glückserwartungen des Anfangs sind nicht aufgegangen, das Zusammenleben hat sich schwieriger als erwartet erwiesen und ist innerlich leer geworden. Es kann auch sein, dass die Verbindung von Anfang an durch überzogene Erwartungen bestimmt war und nicht auf wahrer Freundschaft, auf gleichen Werten und Interessen beruhte. Am Ende hat man sich dann nichts mehr zu sagen, man trennt sich und geht getrennte Wege.

Das Phänomen der *acedia* ist selbstverständlich nicht auf Eheleute beschränkt; es ist ein weit verbreitetes allgemeines Phänomen. Wohl bei jedem kommt es gelegentlich zu Überdruss, sei es im Privatleben oder im Berufsleben. Man ärgert sich, hat keine Lust mehr, möchte am liebsten den ganzen Bettel hinschmeißen, davonlaufen und etwas Neues beginnen. Heute spricht man von Midlifecrisis.[9] Sie kann zu Panik- und Fluchtreaktionen, auch zu einer Glaubenskrise wie zu einer Partnerschafts- und einer Berufskrise führen. Sie kann aber auch zu einer schmerzhaft befreienden Reifungskrise und zur Reifungschance für die zweite Lebenshälfte werden.

Schließlich gibt es das, was Sigmund Freud als »Unbehagen in der Kultur« beschrieben und analysiert hat.[10] Jede Kultur setzt Normen, welche dem Zusammenleben eine bestimmte Form und Ordnung geben. Das setzt Grenzen, verlangt Verzicht und Einschränkung wie Disziplin. Dabei gibt es nicht nur geschriebene, sondern auch ungeschriebene Gesetze des Verhaltens. Sie können eine Zeit lang Evidenz haben und Akzeptanz finden. Dann kann es zu Unbehagen, Unzufriedenheit, Überdruss, Protest kommen. Erst kritisches Unbehagen, dann einzelne Tabubrüche und schließlich der offene Protest und der Versuch in Emanzipations- und Befreiungsbewegungen, aus der als Enge empfundenen

Konvention und Kultur auszubrechen und einen alternativen Stil des Lebens und des Zusammenlebens auszuprobieren und zu propagieren. Sigmund Freud hat mit seiner Schrift »Unbehagen in der Kultur« eine breite Diskussion in der Psychologie und Soziologie ausgelöst. Einzelne können zu Aussteigern oder zum Sonderling am Rand der Gesellschaft werden; es kann auch zu alternativen Bewegungen und kulturellen Umbrüchen kommen, ebenso zu Verhaltensweisen, die nur aus dem Protest leben und für keinen kritischen und konstruktiven Dialog mehr zugänglich sind.

Die tragischste Form solchen Überdrusses am Leben ist der Suizid. Wenn ein Mensch sein Leben endgültig als unerträglich, sinnlos und aussichtslos erfährt und es durch Selbsttötung beendet, dann endet *acedia* nicht nur für den Betroffenen, sondern auch für die Hinterbliebenen tragisch. Die Kirche lehrt, dass Gott allein Herr über Leben und Tod ist, und Selbsttötung Undank gegen Gott und schwere Sünde ist.[11] Heute weiß sie freilich auch um die komplexen biografischen, psychologischen, soziologischen und anderen präsuizidalen Dynamiken, die als Endpunkt zum Suizid führen können. Sigmund Freud sprach von einem Todestrieb. Die Frage der subjektiven Schuld eines Menschen, der einen solchen schwerwiegenden Schritt tut, lässt sich kaum beantworten. Wir müssen das letzte Urteil Gott, der die Herzen der Menschen kennt, überlassen und können einen solchen Menschen nur der Barmherzigkeit Gottes empfehlen.[12] Was man praktisch tun kann, sind Seelsorge für suizidgefährdete Menschen, Einrichtungen für palliative Medizin wie einfühlsame Sterbebegleitung und Trauerbegleitung der Angehörigen.

Acedia – unser gesellschaftliches Problem heute

Es gehört zur Dramatik der gegenwärtigen Situation, dass *acedia* nicht nur ein individualpsychologisches Phänomen, sondern darüber hinaus ein sozialpsychologisches Phänomen erster Ordnung ist. Schon mein Vorgänger als Bischof von Rottenburg-Stuttgart, Bischof Paul Wilhelm von Keppler, hat in einem damals in vielen Auflagen erschienenen Buch die Freudlosigkeit als Grundbefindlichkeit der Moderne ausgemacht.[13] Die Wurzeln dieses Phänomens sind vielfältig. Letztlich steht es im Zusammenhang der rasanten allgemeinen gesellschaftlichen und kulturellen Entwicklungen und Umbrüche und der damit gegebenen Verunsicherung und Ängste vieler Menschen. Im Folgenden können wir das komplexe Problem nur unter *einer*, nämlich unter der theologischen Perspektive angehen.

Über viele Jahrhunderte war Europa vom Christentum geprägt. Diese Feststellung schließt nicht aus, dass Europa vielfältige jüdische, griechische und römische, dann keltische, germanische, normannische, slawische, islamische und in der Neuzeit modern aufgeklärte Wurzeln hat. Europa war in seiner ganzen Geschichte nie eine fertige Größe, sondern ein Ort der Begegnung von Kulturen und immer eine Wirklichkeit im Prozess.[14] In dieser Offenheit war Europa kein unbeschriebenes Blatt, das beliebig ausgefüllt werden konnte und kann. Die Offenheit war Europa von Anfang an vom Christentum und seiner universalen Tendenz ins Stammbuch geschrieben.[15] Man braucht ja nur einmal fragen, was man alles aus der europäischen Kunst und Kultur wegdenken müsste, wenn man das Christentum ausklammern würde.

Diesem offenen Charakter ist das Christentum während der lange dauernden konstantinischen Epoche und ihrer Symbiose von Kirche und weltlicher Macht nicht immer gerecht geworden. Die europäische Geschichte ist durch vielerlei Abgrenzungen nach außen wie durch oft blutige Ausgrenzung im Innern gekennzeichnet. Klerikalistisches Gehabe und puritanische Engstirnigkeit, Skandale, in jüngerer Zeit insbesondere der Missbrauchsskandal, haben die Kirche vielen Menschen als lästig, unglaubwürdig und heuchlerisch erscheinen lassen. So ist es in einem langen und komplexen Prozess zur Entfremdung von Christentum und der modernen europäischen Kultur und oft zu Unmut, Überdruss und zu weit verbreiteter Gleichgültigkeit gegenüber Christentum und Kirche gekommen. *Acedia* gegenüber der eigenen Geschichte ist zur Grundsituation und zum Schicksal Europas geworden. Gewöhnlich wird dieser Prozess als Prozess der Säkularisierung bezeichnet.[16]

Viele Menschen in Europa leben am Christentum und an der Kirche vorbei. Gewöhnlich sind sie keine kämpferischen Atheisten. Die großen theoretischen atheistischen Entwürfe von Ludwig Feuerbach, Karl Marx, Friedrich Nietzsche, Sigmund Freud und anderen und die daraus oft abgeleiteten Ideologien gehören inzwischen der Vergangenheit an.[17] Differenziertere Zeitgenossen werden sich eher als Agnostiker bezeichnen; sie leugnen nicht das Geheimnis des Lebens und der Welt; sie achten es, meinen aber darüber nichts sagen zu können.[18]. Die Mehrheit dagegen lebt einen praktischen Atheismus; sie lebt, als ob Gott nicht wäre *(etsi Deus non daretur)*. Das sind Menschen, die wir alle kennen, die wir schätzen und mit denen wir zusammenarbeiten. Sie sind im

Durchschnitt keine schlechteren Menschen als der Durchschnitt der Christen. Sie leben einen Alltagshumanismus oft unbewusst christlicher Herkunft; sie haben Sinn für Gerechtigkeit, Ehrlichkeit, Hilfsbereitschaft, Solidarität und Fairness. Sie haben dafür keine metaphysische oder religiöse Letztbegründung und glauben eine solche auch nicht nötig zu haben. Sie lassen die sogenannten letzten Fragen offen, interessieren sich dafür nicht oder ignorieren sie. Oft empfinden sie es gar als lästige Störung und als Zumutung, darauf angesprochen zu werden. Genau das meint *acedia*.

Friedrich Nietzsche hat den Tod Gottes enthusiastisch als Morgenröte einer neuen Zeit und als neuen offenen Horizont gefeiert.[19] Dieser Fortschrittsoptimismus ist inzwischen selbst tot. Die These des neuen Atheismus (R. Dawkins u. a.), der Atheismus führe zu einer friedlicheren Welt als die Religionen mit ihren Religionskonflikten, kann man nach den Erfahrungen des 20. Jahrhunderts mit atheistischen ideologischen Systemen und deren Unmenschlichkeiten kaum anders denn als weltfremd und naiv bezeichnen. Inzwischen weiß man, dass es keinen Fortschritt ohne Rückschritt und ohne neue Probleme gibt.[20]

Auch die Säkularisierung hat ihren Preis. Ernst-Wolfgang Böckenförde hat das vielzitierte Wort geprägt: »*Der freiheitliche säkularisierte Staat lebt von Voraussetzungen, die er selbst nicht garantieren kann.* Das ist das große Wagnis, das er um der Freiheit willen eingegangen ist. Als freiheitlicher Staat kann er einerseits nur bestehen, wenn sich die Freiheit, die er seinen Bürgern gewährt, von innen her aus der moralischen Substanz des Einzelnen und der Homogenität der Gesellschaft reguliert. Anderseits kann er diese inneren Regulierungskräfte nicht von sich aus, das heißt mit den Mitteln des Rechtszwanges und autoritativen Gebots, zu garantieren versuchen, ohne seine Freiheitlichkeit aufzugeben und – auf säkularisierter Ebene – in jenen Totalitätsanspruch zurückzufallen, aus dem er in den konfessionellen Bürgerkriegen herausgeführt hat.«[21]

Der Verlust des gesellschaftlich abgestützten stabilen Referenzsystems, das in der bürgerlichen Kultur des 19. Jahrhunderts noch vorhanden war, aber mit dem Ersten Weltkrieg (1914–18) zu Ende ging, hat zu einer Krisensituation geführt, die in den Existential- und Existenzphilosophien der ersten Hälfte des 20. Jahrhunderts reflektiert wurde. Die ideologischen, faschistischen und totalitären Systeme im 20. Jahrhundert wollten die Ordnung gewaltsam herstellen und aufrechterhalten und führten damit in einen menschlichen und politischen Abgrund. Die technologische Entwicklung zusammen mit der Globalisierung brachte ohne Zweifel viele Fortschritte, auf die kein Vernünftiger verzichten möchte; zugleich führten sie in die postmoderne Risikogesellschaft mit nicht mehr naturbedingten, sondern zivilisationsbedingten Abhängigkeiten und Störanfälligkeiten.[22] So ist in der zweiten Hälfte des 20. und zu Beginn des 21. Jahrhunderts Angst zu einer Signatur der Zeit geworden.

Die Angst kann viele Ursachen haben: der rasante Modernisierungsschub, die Globalisierung, die Gefahren durch Atomenergie, die biogenetische Veränderungen, Verseuchung der Erde, des Wassers und der Nahrungsmittel, die Erderwärmung, die neuen Möglichkeiten der Überwachung durch die Informationstechnologie, das weltweite Phänomen der Migration, das Angst vor Überfremdung und damit vor Entfremdung von der gewohnten Lebenswelt mit sich bringt, und nicht zuletzt die Angst vor dem international agierenden Terrorismus.

Kein Vernünftiger kann die Risiken bestreiten, welche die globale Weltentwicklung mit sich bringt. Alles ist so komplex, dass kaum jemand alles durchschauen und überschauen kann, und kein Einzelner, auch kein einzelner Staat kann die Entwicklung einfach steuern. Niemand hat die Macht, den Schalter, den es gar nicht gibt, einfach umzulegen. Das Ganze funktioniert irgendwie nach dem modernen physikalischen Chaosprinzip. Kleine Ursachen können ungeheure Folgen haben und Katastrophen auslösen. Einfache Lösungen gibt es nicht. Die Folge sind Elitenverdruss und Globalisierungsängste.

Träger der Revolte sind nicht die alten Proletarier, die nichts zu essen, aber auch nichts zu verlieren hatten, sondern sehr oft Besitzbürger, die, um ein Wort (oder Unwort) des Jahres 2010 zu gebrauchen, zu Wutbürgern geworden sind. Sie fürchten um den Verlust ihres hart erarbeiteten Besitzstandes, haben Angst vor dem Neuen und Fremden, wollen bewahren, was sie haben und kennen: die eigene Familie, den eigenen Job, die eigene heimische Umwelt und die eigene kulturelle Identität. Sie kann man allerdings im Blick auf die pluralistische Geschichte Europas durch Abschottung eben nicht bewahren, sondern nur verraten. Der Mittagsdämon lässt sich nicht so leicht und schon gar nicht durch Rückzug und Verweigerung abschütteln; er kehrt gerade, wenn wir statt Brücken Mauern bauen, innerhalb des ängstlich errichteten Gemäuers wieder zurück.

Zwei beachtliche Analysen

Der bedeutendste Theologe des hohen Mittelalters, Thomas von Aquin (1225–1274), konnte den Überdruss und die geistige Lähmung der *acedia* noch innerhalb des Referenzsystems des Systems der Kardinaltugenden, die schon Aristoteles kannte, und der sie fundierenden und überhöhenden christlichen Tugenden Glaube, Hoffnung und Liebe behandeln.[23] Die *acedia* ist dabei ein fundamentaler und eklatanter Widerspruch zum Gebot, Gott »mit ganzem Herzen, ganzer Seele und mit allen Gedanken« zu lieben (Mt 22,37 par).

Der Überdruss an Gott, dem höchsten Gut und der Seligkeit des Menschen, führt darum zu Freudlosigkeit, Traurigkeit, Niedergedrücktheit, Erschlaffung des Geistes und zu Widerwille gegen geistliche Bemühung und zu geistlicher Trägheit.

Der Überdruss gegen das Hauptgebot der Liebe macht den Überdruss zu einer Haupt- oder Kapitalsünde, die zu weiteren Sünden führt. Thomas beschreibt sie sehr realistisch und lebensnah. Die Flucht und das Versteckspiel vor Gott, von dem in der Bibel bereits in der Erzählung vom Sündenfall die Rede ist (Gen 3,8), führt zu Kleinmut und Verzweiflung, der Undank gegen Gott zu Bitterkeit, Groll bis zu Unmut und Hass. Die Vernachlässigung der geistlichen Güter führt zu einer geistlichen Schläfrigkeit und Stumpfheit, zu einem Schweifen des Geistes im Unerlaubten; man verliert sich in äußerlichen Dingen, was zu Neugierde, Geschwätzigkeit, innerer und äußerer Unruhe, Unbeständigkeit und Wankelmütigkeit führt; sie wieder sucht Kurzweil und Zerstreuung, die sich in innerer und äußerer Zerrissenheit und Zerfahrenheit zeigt. Kurzum, wer keinen fester Stand und keine klare Orientierung hat, der lässt sich treiben und wird selbst getrieben. Die *acedia* führt dazu, dass der Mensch unter seinem Niveau lebt. Indem er Gott verliert, verliert er auch sich selbst.

Unter ganz anderen, nämlich neuzeitlichen Voraussetzung sucht sich Sören Kierkegaard in seiner Schrift »Die Krankheit zum Tode« der *acedia* zu nähern.[24] Es ist nicht möglich, in diesem Zusammenhang alle die sehr diffizilen und differenzierten Gedankengänge Kierkegaards nachzuzeichnen. Er setzt typisch neuzeitlich beim Menschen als Subjekt ein und geht davon aus, dass der Mensch das Wesen ist, das sich zu sich selbst verhält und das sich auch zu diesem Verhältnis verhält. Dabei wird das Subjekt seiner eigenen Dialektik zwischen Endlichkeit und Unendlichkeit, zwischen Möglichkeit (Freiheit) und Notwendigkeit sowie zwischen Zeitlichkeit und Ewigkeit konfrontiert. Der Versuch, eine Synthese dieser dialektischen Struktur herzustellen, scheitert. Darüber gerät der Mensch in Verzweiflung über sich selbst. Diese Verzweiflung, und das unterscheidet Kierkegaard von Thomas, ist nicht die Ausnahme, sondern die Grundsituation des Menschen.

Da diese Grundstruktur nach Kierkegaard durch Gott gesetzt ist, wird die Verzweiflung auch zur Verzweiflung vor Gott; sie bezeichnet er als Wesen der Sünde. In seiner Schrift »Der Begriff Angst«[25] zeigt er, dass Angst aus der Wahrnehmung der unendlichen Möglichkeiten der Freiheit entsteht, welche die Freiheit jedoch nicht realisieren kann, die sie vielmehr je schon verwirkt hat. Die Angst ist nicht wie die Furcht Angst vor etwas Bestimmtem, sondern Angst als Grundsituation des Menschen. Allein der Glaube kann nach Kierkegaard aus dieser Angst befreien und erlösen. Damit sind wir mit Kierkegaard in neuer Gestalt wieder bei der *anxietas cordis*, der ängstigenden Enge des Herzens, angelangt, welche die Kirchenväter als *acedia* bezeichnet haben und aus der auch nach ihnen nur die Hinwendung zu Gott erlösen kann.[26]

Nihilismus zwischen Hochmut und Kleinmut

Während für Kierkegaard die »Krankheit zum Tode« und »die Angst« nur im Glauben an Gott erlöst wird, geht Friedrich Nietzsche vom Tod Gottes als dem größten Ereignis der neueren Geschichte aus.[27] Der Ausdruck »Tod Gottes« steht bei ihm für das Ende der metaphysischen Welt[28] und der Nihilismus dafür, dass die obersten Werte sich entwerten[29] und dass es keine Wahrheit gibt.[30] Nietzsche beschreibt die dadurch entstandene riskante Situation des Menschen: »Der Mensch ist ein Seil, geknüpft zwischen Mensch und Übermensch, ein Seil über einen Abgrund. Ein gefährliches Hinüber, ein gefährliches Auf-dem-Wege, ein gefährliches Zurückblicken, ein gefährliches Schaudern und Stehenbleiben.«[31]

Nicht Gott, sondern der Tod Gottes, auch wenn er sich noch nicht allgemein herumgesprochen hat, bringt nach Nietzsche die neue Freiheit; er macht den Horizont frei für den Übermenschen und seinen Willen zur Macht. Der Mensch ist etwas, das überwunden werden soll.[32] Das ist ein Satz, den man sich nicht so leicht auf der Zunge zergehen lassen darf. Er wirft die Frage auf, ob der Versuch, den Menschen zu überwinden und den Übermenschen zu verkünden, nicht in Gefahr steht, als Herrenmensch missverstanden und missbraucht zu werden, und dies mit den schrecklichen Folgen, die wir alle kennen.

Als Gegenbild zum Übermenschen beschreibt Nietzsche das Bild vom »letzten Menschen«. Ihn prägt nicht der Hochmut des Übermenschen, sondern der Kleinmut und die Kleingeistigkeit des Spießbürgers.

> Wehe! Es kommt die Zeit, wo der Mensch keinen Stern mehr gebären wird. Wehe! Es kommt die Zeit des verächtlichsten Menschen, der sich selber nicht mehr verachten kann.
>
> Seht! Ich zeige euch den letzten Menschen.
>
> »Was ist Liebe? Was ist Schöpfung? Was ist Sehnsucht? Was ist Stern« – so fragt der letzte Mensch und blinzelt …
>
> »Wir haben das Glück erfunden« – sagen die letzten Menschen und blinzeln.
>
> Sie haben den Gegenden verlassen, wo es hart war zu leben: denn man braucht Wärme. Man liebt noch den Nachbar und reibt sich an ihm: denn man braucht Wärme.
>
> Krankwerden und Misstrauen-haben gilt ihnen sündhaft: man geht achtsam einher. Ein Tor, der noch über Steine oder Menschen stolpert!
>
> Ein wenig Gift ab und zu: das macht angenehme Träume. Und viel Gift zuletzt, zu einem angenehmen Sterben.
>
> Man arbeitet noch, denn Arbeit ist eine Unterhaltung. Aber man sorgt, dass die Unterhaltung nicht angreife.
>
> Man wird nicht mehr arm und reich: Beides ist zu beschwerlich. Wer will noch regieren? Wer noch gehorchen? Beides ist zu beschwerlich.
>
> Kein Hirt und Eine Herde! Jeder will das Gleiche, Jeder ist gleich: wer anders fühlt, geht freiwillig ins Irrenhaus …

> Man hat sein Lüstchen für den Tag und sein Lüstchen für die Nacht: aber man ehrt die Gesundheit.
>
> »Wir haben das Glück erfunden« – sagen die letzten Menschen und blinzeln.[33]

Es wäre selbstgerecht, diese Verse nur auf Nichtchristen zu beziehen, wie es ungerecht wäre, sie pauschal als Beschreibung des Normalbürgers zu verstehen und die Anständigkeit und Tapferkeit, mit der viele Menschen mit ihrem oft nicht einfachen Leben zurechtzukommen suchen, herabzusetzen. Zutreffend ist in ihnen freilich die Gefahr beschrieben, wohin die Entwertung der obersten Werte im heraufziehenden Nihilismus führen kann, nämlich zur Banalisierung des menschlichen Lebens und der menschlichen Glückserwartungen, in welcher der Mensch unter seinem Niveau bleibt.

Trotz allem fröhlich in der Hoffnung

Die Säkularisierung hinterlässt eine innere Leere. Aus dem Überdruss kann niemand leben. Die Natur kennt einen *horror vacui* und duldet keine Leerräume. Man kann geradezu von einer religionsproduktiven Tendenz der Post- oder Spätmoderne sprechen. Neue Götter konnten durch die Verabsolutierung innerweltlicher Werte entstehen, von Werten, welche an sich achtenswert und gut sind, die aber, wenn sie verabsolutiert zu Idolen werden, den Menschen gefangen nehmen und ihm den Blick verstellen für andere Werte und so den Menschen terrorisieren. Vernunft, Freiheit, Kultur, Nation, Rasse und Klasse, aber auch Sport und vieles andere können zu solchen Götzen werden. Nach dem Ende oder zumindest dem Abflauen solcher »Idolisierungen« hat eine neue gnostische Spiritualität Konjunktur. Solche gnostische, das heißt spiritualistische und dualistische Tendenzen haben die ganze Geschichte des Christentums seit seinen Anfängen begleitet.[34] Sie sind heute ein weit verbreitetes, aber auch sehr vielgestaltiges Phänomen, das von Esoterik, New Age, Scientology, Spiritismus, Okkultismus bis hin zu Anthroposophie, Yoga, Psychogruppen mit synkretistisch vereinnahmten religiösen Praktiken und Symbolen fremder Religionen reicht. Das meiste davon ist eine diffuse Religiosität ohne Gott (Johannes B. Metz). Die »Unterscheidung des Christlichen« (Romano Guardini) tut darum dringend not.[35]

Immerhin, alle diese Phänomene zeigen, dass die Sehnsucht nicht tot ist nach einem Mehr, das hinausgeht über das, was uns der bürgerliche Alltag an Sicherheit, Komfort, Unterhaltung, Genuss und anderem bietet. Zwar schwächeln und verblassen im Westen die Religionen in ihrer institutionellen Form, die Religiosität selber aber bleibt. Sie lässt sich nicht an Statistiken der Kirchenzugehörigkeit oder des Kirchenbesuchs messen, sondern meldet sich auch in unterschiedlichsten post- und parachristlichen Formen zu Wort. Der Mensch ist auch heute natürlicherweise, wenngleich in einer oft recht diffusen und in einer über sich selbst unklaren Weise, religiös[36] Das spekulativ aufgezeigt zu haben ist die Stärke und die bleibende Bedeutung der transzendentalen Theologie von Karl Rahner.[37] Diese Art von Religiosität wartet nicht auf die Kirche; sie ist vielmehr eine Herausforderung für die Kirche, kreativ darauf zu reagieren.

Für Christen ist keine Situation einfach gottlos. Zu meinen, unsere Situation sei nur schlecht, wäre blanker Manichäismus. Für Christen ist Gott immer da und immer am Werk. Ohne ihn wäre die Schöpfung längst ins Nichts gefallen. Letztlich hat allein Gott die Fäden der Welt und der Geschichte in der Hand, und seine Hände sind gute Hände. Nach dem Apostel Paulus ist Gottes Geist im Seufzen, in den Gärungen und Geburtswehen der Welt und ihrer Geschichte am Werk (Röm 8,20 f). Oder um es in der Sprache Jesu auszudrücken: Das Reich Gottes ist mitten unter uns (Mt 17,21). Es ist immer im Kommen, es wächst auch, wenn wir schlafen und das Wachsen nicht bemerken oder auch nicht bemerken wollen (Mk 4,26–29).

Oft wird an ein Vers von Friedrich Hölderlin erinnert: »Nah ist und schwer zu fassen der Gott. Wo aber Gefahr ist, wächst das Rettende auch.«[38] Ida Friederike Görres hat einem Buch, welche sie als Versuche über die Kirche bezeichnet, den Titel gegeben »Im Winter wächst das Brot«.[39] In einem Gedicht von Friedrich Wilhelm Weber (1813–1894) heißt es:

> Es wächst viel Brot in der Winternacht.
> Weil unter dem Schnee frisch grünet die Saat;
> Erst wenn im Lenze die Sonne lacht,
> Spürst du, was Gutes der Winter tat.
> Und deucht die Welt dir öd und leer,
> Und sind die Tage dir rau und schwer,
> Sei still und habe des Wandels acht:
> Es wächst viel Brot in der Winternacht.

In der Geschichte, besonders in der Geschichte des Heils geht es freilich nicht nach den Regeln der Natur und dem Wechsel von herbstlich-winterlichen und frühjährlichensommerlichen Zeiten zu. In der Geschichte und zumal in der Geschichte des Heils darf man mit Überraschungen rechnen. Als Sara, neben Abraham, dem Vater des Glaubens, die Erzmutter des Glaubens, die Ankündigung hörte, dass sie mit ihren achtzig Jahren noch den verheißenen Nachkommen zur Welt bringen werde, da musste sie etwas ungläubig lachen und spöttisch feststellen, dass ihr Ehemann mit seinen hundert Jahren ja auch nicht mehr der Jüngste ist. Man hat schon oft gefragt, was hinter diesem Lachen Saras steckt. Vielleicht etwas von der Art Humor, den Kierkegaard als die letzte Stufe vor dem Glauben verstanden hat. Es ist ein Humor, der die Welt auf heiter gelöste Weise überwunden hat; er nimmt sie auch da nicht todernst, wo eigentlich nichts mehr, von Gott aber alles zu erwarten ist. So wird auch Abraham von den drei Boten belehrt: Bei Gott ist nichts unmöglich (Gen 18,11–14). Als dann Sara tatsächlich gegen alle Regeln der Natur ihr Sohn Isaak geschenkt wurde und die Verheißung der Nachkommenschaft gegen alle menschlichen Erwartung unerwartet in Erfüllung ging, konnte Sara voll Freude des Glaubens lachen, weil Gott ihr, die als unfruchtbar galt, noch einen Sohn geschenkt hatte (Gen 21,6 f; vgl. Hebr 11,11 f).

Abraham und Sara zeigen, dass es in aller Nacht und in allem Dunkel der Geschichte auch eine Leuchtspur der Hoffnung gibt. Man kann auch von einem in der Geschichte wirksamen »Prinzip Hoffnung« sprechen.[40] Das deutlichste Zeichen für dieses Prinzip Hoffnung ist, dass das Leben weitergeht. Es gibt nicht nur den Tod, es gibt auch immer wieder neu die Geburt neuen Lebens. So waren es in der biblischen Geschichte nicht zuletzt immer wieder mutige Frauen, welche in menschlich aussichtslos scheinenden Situationen nicht aufgegeben, sondern auf den Gott des Lebens gesetzt haben und aus der Hoffnung heraus nicht dem Tod, sondern dem Leben recht gegeben haben.[41]

Wer Gott ernst nimmt, der kann nicht zum Rückzug in die Wagenburg der kleinen Herde blasen. Er wird wie Jesus mitten unter den Menschen präsent sein, mit Sympathie und Empathie sehen und hören, was Menschen bewegt, welche Sorgen und welche Freuden sie haben, wo sie unter ungerechten Verhältnissen leiden und wie sie insgesamt tapfer mit ihrem Leben zurechtzukommen suchen. Er wird der Leuchtspur der Hoffnung in der Geschichte und in der Gegenwart nachgehen. Gegen den Unglauben der modernen Welt polemisieren hilft ebenso wenig weiter wie ideologische Kreuzzüge und Kulturkämpfe. Der Volksmund weiß es besser: Mit einem Löffel Honig fängt man mehr Fliegen als mit einem ganzen Fass Essig. Mit Hoffnung verschwisterte Freude kann ansteckend wirken.

Nichts wächst, wenn nicht zuerst gesät wird. Heute ist Zeit der Aussaat. Manches wird auf steinigen Grund fallen und nicht aufgehen, manches unter die Dornen und von den Sorgen des Lebens in dieser Welt überwuchert werden, wieder anderes wird von den Vögeln und von bösen Mächten weggepickt werden. So ist es auch Jesus gegangen. Wir können nicht erwarten, dass wir es besser können als er. Wenn wir uns aber auf die Herausforderung zur Aussaat einlassen, dann dürfen wir hoffen, dass manches auf guten und fruchtbaren Boden fällt (Mt 13,1–23). Lukas fügt der Auslegung dieses Gleichnisses hinzu, dass die Saat des Evangeliums bei denen reiche Frucht bringt, die es mit aufrichtigem Herzen hören, daran festhalten und durch ihre Ausdauer (υπομονη) Frucht bringen (Lk 8,15). Damit ist ein klarer Gegenakzent zur Traurigkeit, zur Resignation und zur Wankelmütigkeit der *acedia* gesetzt. In der Ausdauer dürfen wir in der Hoffnung fröhlich sein (Röm 12,12) und können dann auch andere fröhlich machen.

Thomas von Aquin hat gezeigt, dass es neben Hochmut und Hybris des Übermenschen und der Versuchung zum Kleinmut, der sich mit dem kleinen Glück zufriedengibt, als dritte Möglichkeit die Großmut (*magnanimitas*) gibt, den Mut zu den großen Dingen, ja den Mut zum Äußersten und Größten.[42] Es ist der Mut, nicht wie das Mönchlein davonzulaufen, sondern um eines hohen Gutes willen mit Tapferkeit (*fortitudo*) standzuhalten und bereit zu sein, notfalls dafür auch Nachteile, Verwundungen, ja den Tod hinzunehmen. Auch das Gute hat seinen Preis, aber auch seine Verheißung.

Das Zweite Vatikanische Konzil (1962–65) hat diesen positiven Ton angeschlagen und diesen neuen Weg der Hoffnung und der Freude eingeschlagen.[43] *Gaudet mater Ecclesia* (Es freut sich die Mutter Kirche) begann die prophetische Eröffnungsrede von Papst Johannes XXIII. *Gaudium et spes* (Freude und Hoffnung) war das Konzilsdokument, das ganz aus der Dynamik des Konzils herausgewachsen ist und das, über die katholische Kirche hinaus, die Fackel der Freude und der Hoffnung neu zum Leuchten brachte. Statt zu klagen und anzuklagen, hat das Konzil die Samenkörner der Wahrheit, die in der Welt schon ausgestreut waren und positive Früchte versprachen, eingesammelt: die Religionsfreiheit, die ökumenische Öffnung zu den anderen Kirchen, zu den nichtchristlichen Religionen, die Anerkennung der legitimen Autonomie der weltlichen Sachbereiche und des Guten, das es auch sonst in der modernen Welt gibt. Das Konzil hat zudem die positiven Bewegungen in der Kirche selbst wahrgenommen und gefördert: die liturgische Bewegung, die Bibelbewegung, die pastoralen und missionarischen Bewegungen.

Die Rezeption des Zweiten Vatikanischen Konzils hat vieles aufgegriffen, vieles andere ist liegen geblieben; die Rezeption ist noch längst nicht abgeschlossen; es bleibt noch vieles zu tun.[44] Das Thema der mit der Freude verschwisterten Hoffnung gehört zu diesen Desideraten. Papst Franziskus hat es in *Evangelii gaudium* (Die Freude des Evangeliums) (2013) und in *Amoris laetitia* (Die Freude der Liebe) (2016) kraftvoll in Angriff genommen. Zu klagen, dass das Konzil bisher unvollendet geblieben ist, und darüber in Unmut und in Schwermut zu verfallen hilft nicht weiter. Es gilt, der Leuchtspur der Hoffnung und der Freude zu folgen.

II
Wohin sollen wir gehen?

Zurück zu den Anfangsgründen

Das Neue Testament kennt noch nicht den Begriff *acedia*, aber es kannte schon damals Ermüdungserscheinungen unter den Christen, also Phänomene, die später unter dem Begriff der *acedia* zusammengefasst wurden. Es kann darum hilfreich und lehrreich sein, zu hören, wie das Neue Testament auf solche Situationen reagiert hat und welche Ratschläge es uns heute zu geben hat.

Eine erste klare Antwort findet die Geschichte des Mönchleins, der aus seiner Zelle davonläuft, im vierten Evangelium. Als die Massen Jesus davonliefen, weil sie seine Rede unerträglich fanden und Anstoß nahmen, wörtlich: weil sie diese als Skandal empfanden, fragte Jesus seine Jünger: »Wollt auch ihr weggehen?« Beherzt antwortete Petrus: »Herr, zu wem sollen wir gehen? Du hast Worte des ewigen Lebens« (Joh 6,67 f).

Die Entscheidung, Ärgernis zu nehmen und wegzulaufen oder zu bleiben, stellte sich offensichtlich von Anfang an und nicht erst uns heute aufgrund unserer sozio-kulturellen Situation, unserer wissenschaftlichen Aufgeklärtheit oder negativer Kirchenerfahrungen. Auch die Antwort kann heute keine andere sein als die, welche Petrus gegeben hat. Auf den höheren Bildungsstand der Apostel oder ihren höheren moralischen Standard konnte und wollte er auch nicht verweisen. Die Entscheidung fällt auf einer ganz anderen Ebene. Petrus verweist nicht auf die Apostel, heute könnten wir sagen: nicht auf die Kirche und das, was sie an Gutem tut und leistet; er verweist allein auf Jesus und fragt: Wo finden wir sonst solche Worte des Lebens? Damit sind nicht Ratschläge für das tägliche oder das gesellschaftliche Leben gemeint. Sie kann man bei erfahrenen, klugen und weisen Menschen zweifellos auch sonst finden. Gemeint ist das Leben in seinem umfassenden Sinn, das Leben in seinem letzten Woher, Wohin, Warum und Wozu. Es ist die Antwort, die Jesus selbst gegeben hat: »Ich bin der Weg, die Wahrheit und das Leben« (Joh 14,6).

Die Antwort in den Briefen des Apostels Paulus verfahren mit ihrer Antwort in der gleichen Weise. Paulus beginnt mit Ausnahme des Briefs an die Galater jeweils mit Freude und Dank über all das Große, das seine Gemeinden empfangen haben, als sie Christen wurden. Jeweils erinnert der Apostel seine Gemeinde: Ihr habt euch von den nichtigen Götzen zu dem lebendigen und wahren Gott bekehrt (1 Thess 1,9 f), ihr habt euch zu Jesus Christus bekehrt, seid auf Jesus Christus getauft, seid dem alten sündigen Menschen gestorben und neue Menschen geworden. Nun sollt ihr auch als neue Menschen leben: für die Sünde tot, aber für Gott leben in Christus Jesus (Röm 6,2–11). Die späteren Briefe an die Epheser (1,3–14) und an die Kolosser (1,3–8.12) preisen in geradezu hymnischer Weise das Geschenk des Christseins: Von Ewigkeit her seid ihr zu Söhnen (und Töchtern) Gottes erwählt, der

Finsternis entrissen, in Christus mit reichen Gnaden beschenkt, zur Hoffnung auf himmlisches Erbe berufen.[45]

Doch dann hält Paulus jeweils inne und fragt seine Leser: Was habt ihr mit diesem Reichtum gemacht? Wie seid ihr damit umgegangen? Ich kann mit euch – so schreibt er den Korinthern – nicht wie mit Geisterfüllten reden. Ihr seid noch irdisch eingestellt, noch nicht im Glauben erwachsen, sondern wie unmündige Kinder, die als Nahrung Milch brauchen und noch keine feste Speise vertragen (1 Kor 3,1 f). In ähnlicher Weise tadelt der Apostel im Brief an die Römer den Mangel an Eifer. Er mahnt sie, sie sollen im Eifer nicht nachlassen, sondern sich vom Geist entflammen lassen und dem Herrn dienen (Röm 12,11). Keiner soll saumselig, lässig, träge sein und sich nicht einfach dahintreiben lassen.[46] Der fleischlichen Trägheit nachgeben ist Versündigung gegen den Geist[47] und die Lauheit das schlimmste Vergehen.[48] Christen sollen in Geduld (υπομονη) durchhalten und einen langen Atem (μακροθυμια) haben; sie sollen aus der Hoffnung Kraft schöpfen und aus dieser Kraft leben. »Lasst uns nicht müde werden, das Gute zu tun, denn wenn wir darin nicht nachlassen, werden wir ernten, sobald die Zeit dafür gekommen ist. Deshalb lasst uns, solange wir Zeit haben, allen Menschen Gutes tun, besonders aber den Glaubensgenossen« (Gal 6,9 f).

Diese Mahnungen nehmen in der neutestamentlichen Spätzeit zu, in der sich die Ermüdungserscheinungen noch deutlicher zeigten. Der Kolosserbrief mahnt: »Doch müsst ihr unerschütterlich und unbeugsam am Glauben festhalten und dürft euch nicht von der Hoffnung abbringen lassen, die euch das Evangelium schenkt« (Kol 1,23). In 2 Thess 3,13 lesen wir, die Christen sollen nicht Allotria treiben und nicht müde werden, Gutes zu tun. Man soll bei dem bleiben, was man gelernt hat (2 Tim 3,14). Vor allem der Hebräerbrief mahnt, nicht vom einmal eingeschlagenen Weg abzukommen (Hebr 2,1; 3,2; 4,1; 6,1–12), sondern den Eifer zu bewahren, an der Hoffnung festzuhalten und nicht träge zu werden (Hebr 12,11 f). Dabei werden die Worte Durchhalten und Festhalten wichtig (3,6; 4,14; 6,18; 10,2). Überdeutlich heißt es: Ihr seid schwerhörig geworden und verhaltet euch wie unmündige Kinder, die noch mit Milch genährt werden müssen, aber noch nicht recht zu reden verstehen. Damit spricht der Brief seinen Lesern rundweg ab, dass sie mündige Christen sind. Sie müssen erst nochmals in die Anfangsgründe des Glaubens eingeführt werden (Hebr 6,11.13). Neue Evangelisierung also schon damals!

Das letzte Buch der Bibel, die Offenbarung des Johannes, lobt die Gemeinde von Ephesus. Sie hat um des Namens des Herrn willen in Geduld ausgeharrt, Schweres ertragen und ist nicht müde geworden. Trotzdem wird der Gemeinde vorgehalten, dass sie ihre erste Liebe verlassen hat; sie wird darum ermahnt, zurückzukehren zu ihren ersten Werken (Offb 2,3–5). Hart kritisiert wird die Gemeinde von Laodizea, weil sie lau ist, weder kalt noch heiß, einfach fad und gleichsam zum Ausspeien. Sie ist wohlhabend, reich, satt und hat sich behaglich eingerichtet, sie ist selbstgerecht und selbstzufrieden, in Wirklichkeit aber elend und erbärmlich, arm, blind und nackt. Ihr wird zugerufen: »Macht also Ernst und kehrt um!« (Offb 3,15–19).

Es empfiehlt sich, diese Aussagen der Heiligen Schrift als Mahnschrift an die heutige Christenheit zu lesen. Was den frühen Gemeinden am Ende des ersten Jahrhunderts geschrieben wurde, gilt ebenso und sogar noch mehr für uns am Anfang des 21. Jahrhunderts. Wir sollten uns fragen, wie der Herr über unserer Gemeinden heute urteilen würde. Wohl nicht weniger streng. Die Kritik an der Lauheit, Sattheit und Selbstzufriedenheit, mangelndem Eifer und nachlassender Begeisterung gilt auch uns heute.

Die Situation ist heute eher noch bedrängender geworden. Die frühen Christen haben sich im Unterschied zu den meisten heutigen Christen als Erwachsene bewusst für den Glauben entschieden und sind als Erwachsene getauft worden. Heute sind zumindest bei uns fast alle Christen als Säuglinge getauft worden; dabei haben es unsere Eltern und die Paten übernommen, uns in den Glauben einzuführen. Das ist in meiner Generation in den meisten Fällen auch geschehen, und dafür bin ich meinen Eltern bis heute dankbar. Doch die Rahmenbedingungen des Christentums haben sich geändert. Die volkskirchliche Situation, in der ein junger Christ in einer mehr oder weniger christlich imprägnierten Umwelt mehr oder weniger selbstverständlich in den Glauben hineinwuchs, ist auch dort, wo diese volkskirchliche Situation noch besteht, in rascher Auflösung begriffen. Viele bleiben lebenslang getaufte Katechumenen. Sie fanden sich nie in der Zelle beengt, aus der das Mönchlein, von dem wir ausgegangen sind, ausgebrochen ist. In unserer pluralistisch gewordenen Welt mit ihren so vielfältigen, meist nur vorübergehend verlockenden und befriedigenden Angeboten sind sie oft nirgends wirklich zu Hause und wissen auch nicht, wohin sie gehen, wo sie sich orientieren und wofür sie sich endgültig entscheiden sollen. Die *acedia* im umfassenden Sinn der Schwierigkeit und am Ende der Gleichgültigkeit, sich endgültig zu entscheiden und endgültig zu binden, ist zu einem weit verbreiteten Phänomen besonders bei jungen Menschen geworden.

In dieser Situation wird die Einführung in die Anfangsgründe des Christseins, von denen Paulus und der Brief an die Hebräer sprechen, zu einer noch viel dringenderen pastoralen Herausforderung, als sie es schon damals war. Heute müssen wir die Freude am Christsein oft erst einmal wecken und zur bewussten Entscheidung zum Christsein hinführen. In vielen Fällen geht es gar nicht um neue Evangelisierung, sondern um Erstevangelisierung.[49] Wir müssen also die Erstevangelisierung und die Taufkatechese nachholen oder viele heranwachsende Jugendliche und Erwachsene erstmals mit dem christlichen Glauben konfrontieren und in ihn einführen. Erwachsenenkatechese wird so zu einer Grundaufgabe der Gemeindepastoral.[50] Vielleicht haben wir uns nach dem Zweiten Vatikanischen Konzil zu einseitig auf die Eucharistie und die eucharistische Frömmigkeit konzentriert. Sie ist zweifellos Mitte und Höhepunkt des christlichen Lebens. Doch die Hinführung zur Taufe, die Taufkatechese und das Taufbekenntnis zu Jesus Christus ist die unabdingbare Voraussetzung und die Grundlage der Eucharistie und des gesamten christlichen Lebens.

Umkehr zur Quelle des Lebens und der Freude

Die frohe Botschaft des Evangeliums war von allem Anfang an mit dem Ruf zur Umkehr und Buße verbunden. Dabei geht es nicht um schwere Bußwerke, Bußübungen und Kasteiungen. Das griechische Wort Umkehr *metanoia* heißt wörtlich übersetzt Sinnesänderung. Das hebräische Wort *schub* reicht noch tiefer. Es geht nicht nur um Umdenken und Neudenken, sondern um eine grundsätzliche, das ganze Leben bestimmende Richtungsänderung und um eine radikale Kurskorrektur, eine grundsätzliche Abwendung von den Götzen und eine Hinwendung zu dem einen wahren Gott als Grund und Ziel des Lebens.

Dieser Ruf zur Umkehr durchzieht die gesamte Predigt der Propheten. Für sie war wichtig, dass die Abkehr von den Götzen und die Hinkehr zu Gott nicht äußerlichen Gottesdienst bedeutet, sondern unlösbar mit der Abkehr von Unrecht und Gewalt und dem Tun von Recht und Gerechtigkeit verbunden ist. »Weg mit dem Lärm deiner Lieder! Dein Harfenspiel will ich nicht hören, sondern das Recht ströme wie Wasser, die Gerechtigkeit wie ein nie versiegender Bach« (Am 5,23 f). »Wenn ihr auch noch so viel betet, ich höre es nicht ... Lernt Gutes zu tun! Sucht das Recht! Schreitet ein gegen den Unterdrücker! Verschafft den Waisen Recht, streitet für die Witwen!« (Jes 1,15a.17). Hosea ruft zur Rückkehr zur ersten Liebe (Hos 2,9) und erläutert: »Barmherzigkeit will ich, nicht Opfer« (Hos 6,6; vgl. Mt 9,13).

Johannes der Täufer, der letzte in der Reihe der Propheten, fasst die Botschaft der Propheten nochmals zusammen. Die Hinkehr zu Gott heißt auch, Früchte der Umkehr zu bringen im Tun von Recht und Gerechtigkeit (Mt 2,1–12; Mk 1,4 f; Lk 3,2–20). Jesus selbst beginnt sein öffentliches Auftreten mit dem Ruf zur Umkehr: »Die Zeit ist erfüllt, das Reich Gottes ist nahe. Kehrt um und glaubt an das Evangelium« (Mk 1,15; Mt 4,17). Worauf es bei dieser Umkehr vor allem und worauf es letztlich allein ankommt, kommt wird im Hauptgebot gesagt: Gottes- und Nächstenliebe gehören unlösbar zusammen. An ihnen hängt das ganze Gesetz samt den Propheten (Mt 22,36–40 par; vgl. Röm 13,10).

Die Bekehrung zu Gott und dem Nächsten geschieht ein für alle Mal bei der Taufe. Bei der Taufe stirbt der Mensch der alten Welt und dem alten Leben, um in einer neuen Geburt zum neuen Leben in Jesus Christus aufzuerstehen (Röm 6,1–14). Dabei widersagt der Täufling (bei der Säuglingstaufe stellvertretend seine Eltern und Paten) dem Bösen und seinen Werken und bekennt sich zu Jesus Christus und verspricht, ihm in der Gemeinschaft der Kirche nachzufolgen. Aber schon früh musste die Kirche die schmerzliche Erfahrung machen, dass auch Getaufte fehlbare Menschen sind, den ursprünglichen Schwung verlieren, lau und schwach werden, ja vom Glauben und vom Leben aus dem Glauben ganz abfallen können. Schon das Neue Testament erinnert die Christen immer wieder an ihre Taufe und mahnt sie zur Erneuerung des einmal gegebenen Taufversprechens. Solche Taufparänesen ziehen sich durch fast alle Briefe des Neuen Testaments.[51] Daran knüpft die liturgische Tradition an, Taufversprechen jedes Jahr bei der Ostervigil zu erneuern.

Martin Luther hat seine berühmten 95 Ablassthesen (1517) in der ersten These damit begonnen, dass er sagte, der Umkehrruf unseres Herrn bedeute, dass das ganze Leben des Christen eine Buße sein soll.[52] Das heißt nicht, dass ein Christ immerzu mit herabhängendem Kopf herumlaufen und immerfort in Sack und Asche Buße tun soll. Im Gegenteil, die recht verstandene Buße ist »ein fröhlich Ding«. Schon der Psalmist weiß, das Umkehr und Buße, welche zur Vergebung führen, Entzücken und Freude schenken und die zerschlagenen Glieder mit Jubel erfüllen (Ps 51,10). Auch Jesus sagt uns, wer fastet, solle kein finsteres Gesicht aufsetzen und sich kein trübseliges Aussehen geben (Mt 6,16–18). Im Himmel ist Freude über jeden Sünder, der umkehrt und Buße tut, und die Freude im Himmel strahlt im eigenen Herzen wider und ist Grund zu Fest und Feier (Lk 15,5.7.9 f; 23 f.32).

Dass ausgerechnet die Umkehr und die Buße wichtig sind für die Überwindung der Gleichgültigkeit und des Überdrusses der *acedia* und dass ausgerechnet sie entscheidend sind für die Wiedergewinnung der Freude, scheint auf den ersten Blick schwierig zu begreifen. Doch genau so erklärt es Paulus im zweiten Korintherbrief. Dort unterscheidet der Apostel zwischen weltlicher Trauer und Gott gemäßer Trauer und sagt, dass in der Gott gemäßen Trauer der Umkehr die weltliche Trauer und alles, was wir mit *acedia* umschrieben haben, überwunden werden kann (2 Kor 7,9–11).[53]

Die Trauer der Welt lässt sich in der Erfahrung des Scheiterns der weltlichen Wünsche, der Vergeblichkeit und Vergänglichkeit der Welt in einen abwärts driftenden Strudel hineinziehen, der letztlich in den Tod führt. Sie ist Lust am Negativen und sieht in allem nur noch das Negative. So erfährt sie in der Vergeblichkeit die Verlorenheit, die Todverfallenheit und Heillosigkeit der Welt (Mk 7,15 f; Phil 3,19; 1 Tim 6,9; vgl. Röm 7,13). Sie endet in Verzweiflung an der Welt, in Schwermut und Weltschmerz und kann bis zum Verlust aller Hoffnung und schließlich zur Leugnung Gottes führen. Tatsächlich entspringt der moderne Atheismus oft nicht primär intellektuellen Zweifeln, sondern einer verzweifelten Reaktion auf die niederdrückende Erfahrung ungerechten Leidens und Sterbens in der Welt.[54]

Anders die Gott gemäße Trauer. Sie lässt sich nicht hinabziehen, sondern folgt dem Ruf zu Umkehr. Sie lässt sich von Gott zurückrufen, kommt zur Selbsterkenntnis und zu innerer Einsicht. Sie folgt der Leuchtspur des Positiven, die nach oben zieht, um in Gott, der unversiegbaren Quelle des Lebens, neu Hoffnung, neu Trost, neuen Eifer und neue Freude zu schöpfen. Sie ist Bekehrung, die zum Heil führt (vgl. 2 Kor 2,4; 7,9; Hebr 12,11). So stellt Paulus der Trauer (λυπη) der Welt die Botschaft von der Freude (χαρα) des Evangeliums gegenüber (2 Kor 2,3; 6,10; 7,8 f; Phil 2,27; Hebr 12,11). Für ihn ist das Reich Gottes Gerechtigkeit, Friede und Freude im Heiligen Geist (Röm 14,17).

Selbstverständlich weiß Paulus, dass Freude im Heiligen Geist nicht oberflächlich eitel Freude ist, welche die Abgründe der Welt naiv übersieht und das Schwere im Leben ausklammert. Er formuliert seinen Ruf »Freut euch im Herrn zu jeder Zeit! Noch einmal sage ich: Freut euch!« (Phil 4,4), während er in Ephesus im Gefängnis sitzt. Paulus sieht nicht nur das Leiden in der Welt, er erfährt es am eigenen Leib. Er beschreibt die Paradoxie von Trauer und Freude und die Umwandlung der Trauer in Freude mehrfach ausführlich:

> Von allen Seiten werden wir in die Enge getrieben und finden doch noch Raum; wir wissen weder aus noch ein und verzweifeln dennoch nicht; wir werden gehetzt und sind dennoch nicht verlassen; wir werden niedergestreckt und doch nicht vernichtet (2 Kor 4,8 f).

> Wir gelten als Betrüger und sind doch wahrhaftig, wir werden verkannt und doch anerkannt; wir sind wie Sterbende und siehe: wir leben; wir werden gezüchtigt und doch nicht getötet; uns wird Leid zugefügt, und doch sind wir jederzeit fröhlich; wir sind arm und machen doch viele reich; wir haben nichts und haben doch alles (2 Kor 6,8–10; vgl. 2 Kor 11,23–28; Phil 4,11–13).

Die Kraft dazu, dass Paulus trotz dieser menschlich gesehen höchst unerfreulichen Situation die Freude nicht verliert, schöpft er aus dem Glauben, dass er in dieser Situation teilnimmt am Leiden und Kreuz Jesu Christi und dadurch auch die Macht seiner Auferstehung erfährt (2 Kor 4,11). Sein Leben ist Weg- und Schicksalsgemeinschaft mit Jesus Christus. Dadurch ist ihm die Welt und er der Welt gekreuzigt (Gal 6,14). Um Christus zu gewinnen, ist ihm alles andere Dreck (Phil 3,8). So ist er ein freier Mann, der mit jeder Lage zurechtkommen kann (Phil 4,11). Die Freude im Heiligen Geist ist die paradoxe Umwertung der weltlichen Trauer. Was in den Augen der Welt Trauer ist, kann er in der Gemeinschaft mit Christus als Freude leben. Das ist letztlich Ausdruck der Freiheit, zu der Jesus Christus uns frei gemacht hat (Gal 5,1). Die Freude ist Ausdruck dieser Freiheit und damit die christliche Weltbewältigung.

Mit dieser Botschaft greift der Apostel die Botschaft der Bergpredigt auf, in der Jesus die Armen, die Trauernden und die Verfolgten seligpreist (Mt 5,3–11; Lk 6,20–26). Diese Paradoxie, wonach die Armen, Trauernden und Verfolgten die Seligen sind, findet sich auch in den Abschiedsreden des Johannesevangeliums. Dort sagt Jesus den Jüngern in der

Stunde des Abschieds: Jetzt in der Stunde des Abschieds ist euer Herz schwer und von Trauer erfüllt: Ihr werdet weinen und klagen; die Welt aber freut sich. Aber euer Kummer wird sich in Freude verwandeln. Ihr werdet mich wiedersehen, dann wird euer Herz sich freuen, und niemand wird eure Freude von euch nehmen (vgl. Joh 16,20–22). Der Christ lebt aus der Gewissheit, dass am Ende alle Tränen von den Augen abgewischt werden (Jes 25,8; Offb 7,17; 21,4).

Die Freude kann das Schwere und die Schwermut der Welt ertragen und überwinden, weil sie mit der Hoffnung verschwistert ist. Hoffnung ist keine billige Vertröstung, kein Wartesaal, bis endlich die Tür aufgeht; sie ist Vorfreude. In ihr scheint die eschatologische Freude schon jetzt in diese Welt herein und verwandelt sie. Sie schenkt uns trotz allem und in allem Vertrauen, Trost, Lebensmut und Freude. In diesem Sinn ruft Paulus den Christen zu: »Freut euch in der Hoffnung, seid geduldig in der Bedrängnis« (Röm 12,12).

Wieder sollten wir diese Aussagen als Mahnschrift an die heutige Christenheit lesen. Sind wir vielleicht deshalb so freudlos, so ohne Schwung und ohne Elan, weil wir die Buße vergessen haben? Gemeint ist nicht allein der Verfall des Bußsakraments, sondern viel grundsätzlicher der Verfall des Geistes und der Praxis der Buße ganz allgemein. Vielleicht ist der Verfall der Bußpraxis die tiefste Wunde der gegenwärtigen Christenheit, in der die Rede und die Verkündigung von der Buße fast zu einem Tabu-Thema geworden sind. Oft verwechseln wir Weltoffenheit mit Weltanpassung. So müssen wir uns immer wieder ehrlich fragen, wo die Grenze zwischen beidem liegt und wo wir, wenn wir unserem Taufversprechen als Christen treu bleiben wollen, uns nicht einfach treiben lassen dürfen, sondern Korrekturen vornehmen müssen.

Sigmund Freud, sicher kein Apologet des Christentums, hat gezeigt, dass Einschränkung und Lustverzicht die Grundlage jeder Kultur sind, weil erst sie Raum lassen und Freiheit schenken zu höheren und gemeinsamen Werten.[55] Auch Freiheit und erst recht christliche Freiheit haben ihren Preis. Paulus weist in dieselbe Richtung mit seinem Vergleich des Christenlebens mit einem Läufer in der Arena, der – so würden wir sagen – trainieren und sich fit halten muss (1 Kor 9,24 f). Man kann auch an einen Musiker denken, der es in seiner Kunst nur dann zu etwas bringen kann, wenn er das Spiel mit seinem Instrument eifrig übt und immer wieder neu übt und dabei auf anderes verzichtet. Ähnlich bedarf auch das Christsein immer wieder neu der Einübung. Das ist der Sinn der Bußzeiten vor Weihnachten und Ostern; in ihnen sollen wir uns auf unsere christliche Existenz besinnen und so die Freude des Christseins wiederfinden. Wenn wir das durch Verzicht Ersparte mit Ärmeren teilen, können wir nicht nur unseren Überfluss, sondern auch unsere Freude teilen, Freude machen und neue Freunde finden. Wir sollen auf den Ruf des Propheten Hosea hören, der uns aufruft, zu unserer ersten Liebe zurückzukehren (Hos 2,16; vgl. Offb 2,2–4) und sich neu auf den Weg des Exodus zu machen (Jes 43,14–21; 49,10 f; 51,9–11).

Auf dem Weg des Glaubens bleiben

Man wird fragen: Warum sollen die Umkehr zu Gott und die Hinkehr zum Nächsten Grund für neue Freude sein? Die

Antwort der Bibel ist klar. Für die Bibel ist im Unterschied zur Wandelbarkeit und Vergänglichkeit der Welt und der irdischen Freuden allein Gott derjenige, der bleibt und auf den endgültig Verlass ist. Gott ist ewig und bleibt in Ewigkeit (Ps 9,8; 102,13; 135,13; 145,13; Dan 6,27). Alles vergeht, Gottes Wort aber hat ewig Bestand. »Das Gras verdorrt, die Blume verwelkt, doch das Wort unseres Gottes bleibt in Ewigkeit« (Jes 40,8; vgl. Ps 119,89; 1 Petr 1,25). Seine Treue währt ewig (Ps 100,5; 107,1). Auf ihn und seine Treue (*emet*) ist unbedingter Verlass.

Glauben bedeutet auf die Beständigkeit, Verlässlichkeit und Treue Gottes setzen. In diesem Sinn formuliert der Prophet Jesaia: »Glaubt ihr nicht, so bleibt ihr nicht!« (Jes 7,9). Im hebräischen Urtext handelt es sich um ein Wortspiel. Denn glauben wird im Hebräischen oft mit *aman* wiedergegeben. Davon ist auch die schon biblisch bezeugte liturgische Bekräftigungsformel »Amen« abgeleitet. Im ursprünglichen Wortsinn bedeutet das Verb *aman* feststehen, sich als zuverlässig erweisen. Entsprechend bedeutet glauben: in Gott einen festen Stand gewinnen, sich in Gott festmachen, sich auf Gott und sein Wort einlassen, sich ganz und gar auf ihn verlassen und auch in schwierigen Situationen in absoluter Treue zu ihm stehen und an seinem Wort festhalten.[56] Glauben heißt, zu Gott und seinem Wort Ja und Amen sagen.[57] Wer zu Gott Amen sagt, der treibt nicht zur Eile (Jes 28,16), er läuft nicht Hals über Kopf davon und gerät nicht in Hektik. »Durch Umkehr und Ruhe werdet ihr gerettet, im Stillhalten und Vertrauen liegt eure Kraft. Doch ihr habt nicht gewollt« (Jes 30,15).

In diesem Sinn sagt das Neue Testament: »Daher, meine geliebten Brüder und Schwestern, seid standhaft und unerschütterlich, seid stets voll Eifer im Werk des Herrn und denkt daran, dass im Herrn eure Mühe nicht vergeblich ist!« (1 Kor 15,58). »Seid wachsam, steht fest im Glauben, seid mutig, seid stark!« (1 Kor 16,13). Der Hebräerbrief sagt vom Glauben: »Es ist aber Glaube ein Feststehen (υποστασις) bei dem, was man erhofft, ein Beweis (ελεγχος) für Dinge, die man nicht sieht« (Hebr 11,1).[58] Dieser Satz will kein abstrakter Lehrsatz und keine philosophische Definition des Glaubens sein. Er bringt zum Ausdruck, dass der Glaube ein festes Verankertsein in Gottes Unwandelbarkeit ist, die uns eine bessere Heimat und eine ewige Stadt vorbereitet hat (Hebr 11,10.16). Daher gilt es, nicht wankelmütig zu werden, sondern bis zum Ende an der Zuversicht festzuhalten, die wir am Anfang hatten (Hebr 3,14; 4,14; 6,18; 10,23; 12,28).

Als Zeugen für diesen Glauben führt der Hebräerbrief vor allem Abraham und Mose an (Hebr 11,23–31). Abraham ist auf den Ruf Gottes hin in ein fremdes Land aufgebrochen, ohne zu wissen, wohin er kommen würde. Mose ist im Glauben mit seinem Volk aus Ägypten ausgezogen und durch die Wüste gezogen. Aufgrund einer ganzen Wolke der Zeugen dürfen wir auf Jesus, den Urheber und Vollender des Glaubens, blicken, der angesichts der vor ihm liegenden Freude das Kreuz auf sich genommen hat, ohne auf die Schande zu achten, und sich zur Rechten von Gottes Thron gesetzt hat (Hebr 12,2).

Der Hinweis auf Abraham, auf Mose wie auf Jesus zeigt, dass das Feststehen im Glauben kein starres Festhalten, kein unbewegliches Stehenbleiben ist, sondern bedeutet, ein vertrauensvolles Weitergehen auf den Weg, auf den Gott führt, und eine Ausdauer trotz allen Schwierigkeiten und Krisen. Glauben wie Abraham bedeutet aufbrechen, wie Mose sich auf den Weg des Exodus machen und dabei auf Jesus, den Urheber und Vollender des Glaubens, schauen. Der Glaube ist kein unbeweglicher Standpunkt und erst recht keine Prinzipienreiterei, sondern ein Weg, den man in Treue und im Vertrauen auf Gottes in Jesus Christus endgültig geoffenbarte Treue an Gottes Hand geht.[59]

Der Wegcharakter des Glaubens kommt in der auf Augustinus zurückgehenden Beschreibung des Glaubens zum Ausdruck: Glaube ist immer Glaube an Gott *(credere in Deum)*; Gott, wie er sich in Jesus Christus endgültig geoffenbart hat, ist der alles umfassende Inhalt des Glaubens; alle einzelnen Glaubensinhalte haben den Sinn, auf das eine Geheimnis Gottes, seiner Liebe und Treue hinzuweisen und hinzuführen. Wir glauben an Gott, weil wir Gott glauben (*credere Deo*), weil er sich uns als glaubwürdig und überzeugend erwiesen hat. Die Glaubwürdigkeit der menschlichen, auch der amtlichen Zeugen des Glaubens ist dabei hilfreich, sie ist aber nicht der eigentliche Grund des Glaubens. Mit diesem Glauben sind wir nie fertig, sondern stets unterwegs, in ihm sollen wir stets in der Liebe wachsen und reifen *(credendo amare)*, uns immer mehr und immer wieder neu Gott zuwenden und auf den Wegen unseres Lebens auf ihn zugehen *(in Deum ire)*.[60]

Dieser Weg wird stets angefochten und gefährdet sein; er geht durch Fragen, Prüfungen, Trockenheits-, Dürre- und Wüstenerfahrungen, Getsemani- und Karfreitagssituationen hindurch. Es gibt keinen Glauben, der nicht durch solche

Prüfungen hindurch muss. Jesus selbst ist diesen Weg gegangen. Er sagt von der eschatologischen Notsituation, in der viele zu Fall kommen, falsche Propheten auftreten, viele einander hassen und einander verraten: Wer aber bis zum Ende standhaft bleibt, der wird gerettet werden (Mt 24,13).

In den Abschiedsreden des Johannesevangeliums legt Jesus seinen Jüngern offen dar, dass der Weg der Jünger gefährdet ist und durch Krisen hindurchführt. Er spricht über die Versuchungen, Verfolgungen, Spaltungen und Verwirrungen, die auf die Jünger warten. Als Beistand, Advokaten und Tröster (παρακλητος) verheißt er ihnen den Heiligen Geist, der sie an sein Wort erinnert (Joh 14,26) und in alle Wahrheit einführt (Joh 16,13). Das Johannesevangelium und die Johannesbriefe drücken die Treue, die in den Anfechtungen durchhält, mit Hilfe des Wortes bleiben (μενειν) aus und erläutern das Bleiben mit der Bildrede vom Weinstock und den Reben. »Bleibt in mir und ich bleibe in euch. Wie die Rebe aus sich keine Frucht bringen kann, sondern nur, wenn sie am Weinstock bleibt, so auch ihr, wenn ihr nicht in mir bleibt. Ich bin der Weinstock, ihr seid die Reben. Wer in mir bleibt und in wem ich bleibe, der bringt reiche Frucht; denn getrennt von mir könnt ihr nichts vollbringen« (Joh 15,4 f). Das Bleiben wird konkret im Festhalten an Jesu Wort und im Bleiben in seiner Liebe. Die Wegzehrung des Christen auf diesem Weg des Glaubens ist die Eucharistie. »Wer mein Fleisch isst und mein Blut trinkt, der bleibt in mir und ich bleibe in ihm« (Joh 6,56).[61]

Die theologische Tradition hat die Mahnung Jesu zur ausdauernden Treue in dem Begriff der Beharrlichkeit *(perseverantia)* zusammengefasst. Die Beharrlichkeit bis ans Ende ist kein gesicherter Beisitz und kein Garantieschein. Wir dürfen darum als Christen nicht leichtsinnig, sorglos, nachlässig, faul und bequem werden. Die Beharrlichkeit ist aber auch mehr als tapferes Durchhaltevermögen; sie ist Gnade, die wir nur erhoffen und erbeten können, die wir im Glauben aber auch erhoffen dürfen.[62] Denn dem, der treu ist, versagt Gott seine Treue nicht. So können wir allen Widrigkeiten zum Trotz zuversichtlich auf dem Weg des Glaubens bleiben und brauchen uns weder in den Widrigkeiten des Lebens noch in der Mühle und Monotonie des Alltags aufreiben und zermahlen lassen. In der Freiheit der Kinder Gottes sollen wir uns die Freude des Glaubens nicht nehmen lassen.

Der Weg in die Freiheit der Kinder Gottes

Was Freude des Glaubens auf dem Weg des Glaubens bedeutet, wird erst voll deutlich, wenn wir den Weg, den jeder einzelne Christ persönlich zu gehen hat, in den Weg einordnen, den Gott in der Geschichte des Heils mit der Menschheit insgesamt gegangen ist und den er mit jedem von uns neu geht.

Gleich zu Beginn des Römerbriefs beschreibt der Apostel Paulus die Situation der Menschheit mit den drastischen Worten: »Der Zorn Gottes wird vom Himmel her offenbar wider alle Gottlosigkeit und Ungerechtigkeit der Menschen, die die Wahrheit durch Ungerechtigkeit niederhalten« (Röm 1,18).[63] Der Zorn Gottes ist selbstverständlich kein irrationaler Wutausbruch, sondern Ausdruck der Heiligkeit Gottes, welche der Gottlosigkeit und der Ungerechtigkeit in der Welt widersteht.

Die Gottlosigkeit besteht darin, dass Gott in der Schöpfung seine unsichtbare Wirklichkeit offenbar gemacht hat, die Menschen aber die Wahrheit niederhalten. Sie haben Gott erkannt, ihn aber nicht als Gott anerkannt; im Götzendienst haben sie seine Herrlichkeit mit der Verehrung irdischer Bilder vertauscht. Die Entfremdung von Gott blieb nicht ohne Folgen. Gott hat die Welt, die sich von ihm entfremdet hat, sich selbst überlassen. Damit ist sie aus den Fugen geraten. Der Mensch, den Gott als Herrn über die Schöpfung eingesetzt hat, verehrt nun statt Gott irdische Größen und macht sich ihnen untertan. Sein Denken verfällt der Nichtigkeit und wird verfinstert. Die Folgen zeigen sich außerdem in der Verkehrung der schöpfungsgemäßen Ordnung von Mann und Frau, dann in der himmelschreienden Ungerechtigkeit in der Welt und schließlich in der Verkehrung der Wahrheit, nicht nur durch üble Nachrede, Verlogenheit und Heuchelei, sondern, so müssen wir heute sagen, in die Wahrheit verfälschenden Ideologien, Berichterstattung, Propaganda und in *Fake News,* die das vertrauensvolle menschliche Zusammenleben vergiften.

So steht nach Paulus die ganze Menschheit unter der Macht der Sünde, welche die Menschheit von Gott und die Menschen untereinander entfremdet. Adam meint in der Sprache der Bibel nicht nur eine individuelle Einzelperson am Anfang der Menschheitsgeschichte, sondern *den* Menschen, das heißt die ganze Menschheit und damit jeden Menschen. Sünde (αμαρτια) ist nicht nur individuelle Sünde, auch nicht die Summe individueller Sünden, sondern eine Sündenmacht, welche über die ganze Menschheit herrscht (Röm 5,12 ff).[64] Nach der Bibel gibt es eine Verflochtenheit und Verstrickung jedes Menschen in die Entfremdung von Gott, in die Gottesferne und Gottlosigkeit, der sich kein Einzelner aus eigener Kraft entziehen kann. Keiner hat darum Grund, mit dem Finger auf die jeweils anderen zu zeigen und sich als Weltenrichter aufzuspielen. Alle sind Sünder, alle sind auf die im Evangelium bezeugte Barmherzigkeit und auf Gottes rechtfertigende Gnade angewiesen.

Die negative Beschreibung der Weltsituation als Offenbarung des Zornes Gottes hat bei Paulus nicht das letzte Wort. Auf die niederdrückende Beschreibung folgt ein aufatmendes und siegreiches »Jetzt aber«. »Jetzt aber ist … die Gerechtigkeit Gottes offenbart worden … durch den Glauben an Jesus Christus« (Röm 3,21 f). Dieses befreiende letzte Wort ist im Grunde das erste Wort. In der Deutung der Kirchenväter wird es als Protoevangelium bereits in Gen 3,15 angedeutet, wo vom Sieg über die Schlange die Rede ist.[65] Im Neuen Testament wird es dann ausdrücklich klar, dass in dem letzten Wort das von Ewigkeit her *erste* Wort Gottes, der auf Jesus Christus ausgerichtete Heilsplan Gottes, offenbar wird (Röm 16,25 f; 1 Kor 2,7; Eph 1,3.5.9; Kol 1,15–20.26). Jetzt wird also offenbar, dass die Welt von Ewigkeit her unter dem Vorzeichen der Gnade steht. »Wo die Sünde mächtig wurde, ist die Gnade übergroß geworden« (Röm 5,20). Das Seufzen der Schöpfung sind die Geburtswehen der neuen Schöpfung. In allen schmerzvollen Erfahrungen dürfen wir darum guter Hoffnung sein. In allen Widersprüchen und in allem kulturellen und religiösen Suchen der Menschheit nach Auswegen und nach Erlösung ist letztlich der Geist Gottes am Werk (Röm 8,20 ff).

In aller menschlich hoffnungslosen Verstrickung in das Böse, das zum Tod führt, gibt es aufgrund der Vorherbestimmung Gottes ein »Prinzip Hoffnung« auf das neue Leben und die neue Schöpfung in Jesus Christus. Die Sünde wird mit dem *Exsultet* der Osternachtfeier zur *felix culpa*, zur glückseligen Schuld, weil die neue Schöpfung nicht die Rückkehr zur ersten Schöpfung (*renovatio in pristinum*), sondern deren Überbietung ist (*renovatio in melius*).[66] Der Jubel des *Exsultet* hebt die Welt aus den Angeln und weist auf den tiefsten Grund der weltüberwindenden christlichen Freude. Das österliche Alleluja und die alten, bis heute ökumenisch gemeinsamen Osterlieder bezeugen diese Freude in eindrucksvoller Weise.

Christ ist erstanden
von der Marter alle …
Wär er nicht erstanden,
so wär die Welt vergangen.
Seit dass er erstanden ist,
so freut sich alles, was da ist …
Des solln wir alle froh sein,
Christ will unser Trost sein.
(GL 318)

Die Osterbotschaft setzt einen deutlichen Gegenakzent, ja erhebt Widerspruch zu einer einseitigen existentialphilosophischen Krisendiagnostik, wie sie sich auch in mancher zeitgenössischer Theologie findet. Die Bibel sieht bei aller Kritik an der Gottlosigkeit der Welt eine Leuchtspur der Hoffnung in der Geschichte.[67]

Bereits die Vertreibung aus dem Paradies ist mit der Verheißung verbunden, welche die Kirchenväter als *Protoevangelium* bezeichneten: Der messianische Nachkomme der Frau wird der Schlange den Kopf zertreten (Gen 3,10). Gott gibt den Menschen Röcke aus Fellen mit, damit sie voreinander ihre Würde bewahren und sich gegen die Widrigkeiten von Hitze, Kälte und Regen schützen können (Gen 3,20). Selbst dem Brudermörder Kain macht er ein Zeichen auf die Stirn, um den Rachegeistern Grenzen zu setzen und Einhalt zu gebieten (Gen 4,15). Entgegen der Todesandrohung (Gen 2,16 f) geht das Leben auch nach der Vertreibung aus dem Paradies weiter.[68] Vor allem große biblischen Frauengestalten (Eva, die Mutter aller Lebenden, Sara, Hanna, Judit, Ester und nicht zuletzt Maria) haben in menschlich aussichtslos scheinenden Situationen im Vertrauen auf Gott dem Leben recht gegeben.[69] Aufmerksam verfolgt die Bibel kulturelle Fortschritte in der Menschheitsgeschichte (Gen 4,2.17–22; 9,20; 10,21 f). Nach der Katastrophe der Sintflut garantiert Gott den Bestand der kosmischen Ordnung und stellt als Friedenszeichen den Regenbogen in die Wolken (Gen 8,22; 9,11–17). So leuchtet über all der Heillosigkeit der Welt von Urbeginn an ein Licht der Hoffnung.

Auch Paulus stimmt diesen hoffnungsvollen Ton an, wenn er von bösen Mächten und Gewalten in der Welt spricht (1 Kor 15,24; Eph 1,21; 3,10; Kol 2,15). Er sagt, dass wir nicht nur mit Fleisch und Blut zu kämpfen haben, sondern gegen die Fürsten und Gewalten, gegen die Beherrscher dieser finsteren Welt (Eph 6,12).[70] Zugleich sagt er, dass die finsteren Mächte durch Kreuz, Auferweckung und Erhöhung Jesu Christi besiegt und entmachtet sind (1 Kor 15,25; Phil 2,10; Eph 1,21 f; Kol 1,20; 2,15). Schon der Psalmist jubelt: »Unsere Seele ist wie ein Vogel dem Netz des Jägers entkommen, das Netz ist zerrissen und wir sind frei« (Ps 124,7). Der Epheserbrief beginnt mit einem Lobpreis: »Gepriesen sei der Gott und Vater unseres Herrn Jesus Christus ... Er hat uns aus Liebe im Voraus dazu bestimmt, seine Söhne zu werden durch Jesus Christus« (Eph 1,3.5) Der Kolosserbrief stimmt voll ein: »Danket dem Vater mit Freude. Er hat euch fähig gemacht, Anteil zu haben am Los der Heiligen, die im Licht sind. Er hat uns der Macht der Finsternis entrissen und aufgenommen in das Reich seines geliebten Sohnes« (Kol 1,12 f). »Die Fürsten und Gewalten hat er (Christus) entwaffnet und öffentlich zur Schau gestellt« (Kol 2,15). Im letzten Buch der Bibel ertönt schon jetzt der himmlische Jubel: »Halleluja! Das Heil und die Herrlichkeit und die Macht ist bei unserm Gott ... Er hat die große Hure gerichtet, die mit ihrer Unzucht die Erde verdorben hat ... Denn König geworden ist der Herr, unser Gott, der Herrscher über die ganze Schöpfung. Wir wollen uns freuen und jubeln und ihm die Ehre erweisen« (Offb 19,1–7). So feiert der Himmel das Fest derjenigen, die in der Welt als Narren galten.[71]

Es geht bei dieser Freudenbotschaft um nicht weniger als um die Freiheit, zu der Jesus Christus uns frei gemacht hat (Gal 5,1) und die uns durch ihn im Heiligen Geist zuteilwird (Gal 3,14; Röm 8).[72] »Wo aber der Geist des Herrn ist, da ist Freiheit« (2 Kor 3,17). Sie ist Freiheit *von* der Macht der Sünde, *vom* Gesetz und *vom* Tod wie *von* den Todesmächten der Welt. Als solche Freiheit *von* ist sie zugleich Freiheit *für* Gott (Röm 6,11) und *für* die andern (Gal 5,6.13 f). Die Christen sind die ersten Freigelassenen der Schöpfung.[73] Sie dürfen als freie Menschen leben, die voll Freimut und mit Freude ihren Glauben an Jesus Christus bekennen und in der Liebe selbstlos Gott und dem Nächsten dienen.

In dieser Weltzeit ist die christliche Freiheit noch angefochtene Freiheit. Auch Christen können sündigen, und leider sind sie oft schwere Sünder; sie stehen aber nicht mehr sklavenhaft unter der Macht der Sünde. Die Freiheit von der Sünde meint nicht, dass sie nicht sündigen können (*non posse peccare*), sondern dass sie frei sind, nicht zu sündigen (*posse non peccare*).[74] Auch Christen sterben, und das Sterben in seinen abertausend Formen kann sehr schwer sein; aber der Tod ist für den Gläubigen keine dunkle Macht des Schicksals, er ist vielmehr der Hinübergang in ein anderes, in das ewige Leben bei Gott. Der Tod ist noch da, aber er hat seinen Stachel verloren (1 Kor 15,55 f). Schließlich leben Christen nicht gesetzlos; das Gesetz der Freiheit (Jak 1,25) darf nicht zum Deckmantel der Bosheit werden (1 Petr 2,16). Die vielen Gebote des Gesetzes – Paulus nennt das Essen von Opferfleisch und die Speisegebote (1 Kor 8,7–13; Röm 14,15–19) – sind durch Jesus in dem einen Gebot der Liebe zusammengefasst (Mt 22,37–39 par; Röm 13,8–10) und müssen in diesem Licht interpretiert werden. In diesem Sinn gilt Augustins Wort: »Liebe und tu, was du willst!« (*dilige et quod vis fac*).[75] Die Liebe tut nicht, was *man* will; sie tut vielmehr, was der Liebe und dem Gebot der Liebe entspricht; sie verschwendet sich im Dienst für Gott und im Dienst für den anderen. Sie fragt, was zum Frieden und zum Aufbau der Gemeinde nützt (Röm 14,19). Ihr geht es nicht nur um die Erfüllung einzelner Gebote; sie macht das ganze Leben zu einem Gott gefälligen Gottesdienst (Röm 12,1).

Leben aus christlicher Freiheit ist im Vergleich zu einem Leben unter dem Gesetz nicht das Lichtere und Bequemere; im Gegenteil, es ist das wesentlich Anspruchsvollere. Die christliche Freiheit verlangt ein neues Denken, um zu prüfen und zu erkennen, was konkret der Wille Gottes ist, was ihm gefällt, was gut und vollkommen ist (Röm 12,2; vgl. 1 Thess 5,21). Solche Verantwortung vor Gott ist die wahre Mündigkeit des Christen; sie lässt sich nicht von momentanen Stimmungen und Neigungen, sondern allein von dem an Jesus Christus orientierten Gewissen leiten. Martin Luther hat in seiner Freiheitsschrift (1520) diesen Sachverhalt in einer dialektischen Formulierung zusammengefasst: »Ein Christenmensch ist ein freier Herr über alle Dinge und niemandem untertan. Ein Christenmensch ist ein dienstbarer Knecht aller Dinge und jedermann untertan.«[76]

Die politische Theologie und die Theologie der Befreiung haben deutlich gemacht, dass sowohl Umkehr und Buße wie die christliche Freiheit eine soziale und öffentliche Dimension haben. Sie wahrzunehmen ist Aufgabe aller Christen und Teil des prophetischen Charismas des ganzen Volkes Gottes.[77] Christen sollen mutig und ohne Rücksicht auf falsche *political correctness* freimütig öffentlich Ungerechtigkeit und Verlogenheit beim Namen nennen und als barmherziger Samaritaner (Lk 10,25–37) der Not nach besten Kräften abhelfen und an einer gerechteren Ordnung des Friedens und der Freiheit mitarbeiten.[78]

Das entbindet nicht von ehrlicher Selbstkritik. Wir dürfen nicht einem geradezu pathologischen Unschuldswahn (Johannes B. Metz) verfallen, für den jeweils nur die anderen und die böse Welt, aber nie wir selbst schuld sind. Wir alle leiden nicht nur an den Folgen der Gottvergessenheit, jeder trägt auf seine Weise auch aktiv zu dieser Situation bei. Statt an die Brust der anderen müssen wir zuerst an die eigene

Brust schlagen und zu Beginn jedes Gottesdienstes vor der versammelten Gemeinde *mea culpa*, »meine Schuld, meine große Schuld« sagen und die Unterlassung des Guten und die Sünde in Gedanken, Worten und Werken bekennen. Im persönlichen Schuldbekenntnis stellen wir uns in die Gemeinschaft der Sünder und gleichzeitig in die Gemeinschaft derer, die ihre Schuld deshalb freimütig bekennen können, weil sie um die Vergebungsbereitschaft Gottes wissen. Auch das Bekenntnis zur eigenen Schuld ist ein Akt der christlichen Freiheit, der uns frei macht von der Last der Schuld und uns neu mit Freude über die Vergebung erfüllt.

Als Christen sind wir gerufen, Licht der Welt zu sein und das Licht des Evangeliums nicht unter den Scheffel, sondern auf den Leuchter zu stellen, damit es vor den Menschen leuchtet. Wir sollen Salz der Erde sein, Salz, das die Nahrung frisch hält und der Suppe erst Geschmack verleiht (Mt 5,13–16). Wir sollen Sauerteig sein, der alles durchsäuert (Mt 12,33; vgl. 1 Kor 5,6 ff). Eine kleine Brise Salz kann die ganze Suppe schmackhaft machen; eine kleine Laterne genügt, um Schritt für Schritt den Weg zu finden; eine kleine Portion Sauerteig kann einen ganzen Trog Teig durchsäuern und aufgehen lassen. Auch eine Minderheit von Christen kann eine lebensnotwendige Frischzelle der Menschheit sein. Durch Jammern und Kritikastern werden wir niemanden gewinnen, aber Freude und fröhliche Hilfsbereitschaft können ansteckend sein.

Wehe aber, wenn das Salz seine Kraft verliert. Womit soll es dann selbst gesalzen werden? Es verdient, weggeworfen und von den Menschen zertreten zu werden. Wehe, wenn wir unser Licht unter den Scheffel stellen und die Welt im

Dunkel lassen. Wehe uns, wenn wir statt Sauerteig Sauertöpfe werden. Wenn wir, statt Osterlieder zu singen, nur Trauermusik abspielen. Wenn wir uns in Selbstbemitleidung und in Jammerseligkeit gefallen, reihen wir uns in den Trauerchor der Welt ein; wir tragen dann einen Toten zu Grabe, statt dass wir mit österlicher Freude und unter Jubel den Auferstandenen begrüßen und hören: »Seht, ich mache alles neu« (Offb 21,5).

III
Lebensfreude als Zustimmung zur Welt

Alle wollen glücklich sein

Seit den Griechen geht jede Philosophie von der Feststellung aus, dass alle Menschen glücklich sein wollen.[79] Die griechischen Philosophen haben sich darum seit Sokrates, Platon und Aristoteles mit der Frage des Glücks beschäftigt. Auch Augustinus geht in seinem frühen Dialog über den freien Willen davon aus, »dass jeder Mensch von Herzensgrund das glückliche Leben will und ersehnt«.[80] Unlust und Trauer sind Zeichen dafür, dass diese Sehnsucht nach Glück nicht aufgegangen ist. Doch ohne die Erwartung von Glück und ohne irgendeine wenngleich unbewusste oder vage Vorstellung davon, was Glück bedeutet, ist Unglückserfahrung gar nicht möglich. In der Freudlosigkeit und Trauer ist darum der Mensch sich selbst entfremdet; er steht und lebt gegen sich selbst.

Freude kommt bei sogenannten Naturvölkern wie bei sogenannten Hochkulturen zum Ausdruck bei Festen mit Musik, Tanz und Gesang. Nach Homer ist das Lachen charakteristisch für die Götter. Nur sie sind glücklich, menschliches Glück ist nur in der Teilhabe am Göttlichen möglich. Noch

Schiller bezeichnet die Freude in seiner berühmten Ode an die Freude als schöner Götterfunke, Tochter aus Elysium. Der Mathematiker und Philosoph Blaise Pascal hat gesagt, der Mensch sei für die Freude geboren. Die amerikanische Unabhängigkeitserklärung (1776) zählt das Streben nach Glück (*pursuit of happiness*) zu den vom Schöpfer dem Menschen eingegebenen Menschenrechten.

Es war ein Versäumnis der Existential- und der Existenzphilosophie der ersten Hälfte des 20. Jahrhunderts, dass sie als Krisenphilosophie diesen positiven Aspekt menschlicher Erfahrung nicht beachtet und der Analyse der Freude keine Aufmerksamkeit geschenkt haben.[81] So konnten sie auch keine Hoffnung ausstrahlen.

Freude an den Gaben der Schöpfung

Das Alte Testament beginnt mit der Schöpfungserzählung. »Am Anfang schuf Gott Himmel und Erde« (Gen 1,1). Die biblische Schöpfungserzählung ist kein vornaturwissenschaftlicher Bericht, der sagen soll, *wie* die Welt geworden ist; sie liegt auf ganz anderer Ebene als moderne Evolutionstheorien. Diese setzen ja voraus, *dass* überhaupt etwas ist und dass das, was ist, so beschaffen ist, dass es werden und sich zu einem Kosmos mit seinen wunderbaren Ordnungen entfalten kann. Die biblische Schöpfungserzählung will in der Sprache ihrer Zeit sagen, *warum* überhaupt etwas ist und nicht lieber nichts. Sie sagt nicht, *wie* die Welt geworden ist, sondern *dass* die Welt und ihre Ordnungen durch Gottes schöpferisches Wort geworden sind. Das konkrete *Wie* der Entfaltung, zu denen sich die Evolutionstheorien äußern, liegt außerhalb des Interesses des biblischen Schöpfungsglaubens und damit auch außerhalb theologischer Zuständigkeit.

Der Schöpfungsglaube beschränkt sich freilich nicht auf den Ur-Anfang des Seins; er ist keine theologische Urknalltheorie, so als ob Gott am Anfang nur den ersten Anstoß gegeben und dann die Welt sich selbst überlassen hätte. Der Schöpfungsglaube besagt vielmehr, dass alles, was ist, und alles, was sich in seinem Sein entfaltet, deshalb nicht ins Nichts oder ins Chaos zurückfällt, weil es bleibend aktuell vom schöpferischen Willen Gottes im Sein gehalten ist. Gottes am Uranfang gesprochene Wort »Es werde« hallt sozusagen in der ganzen Schöpfungswirklichkeit fort und hallt in ihr wider. Alles, was ist, ist darum nicht ein mehr oder weniger selbstverständliches *faktum,* sondern ein *donum,* das heißt eine von Gott gewollte Gabe und ein Geschenk Gottes. Als Gabe und Geschenk haben die Gaben der Schöpfung über ihren physischen oder wirtschaftlichen Wert hinaus einen Mehrwert. Sie dienen Gott zum Lob und uns zur Freude.

Darum sagt die biblische Schöpfungserzählung mehrfach, dass alles, was Gott geschaffen hat, gut, ja sehr gut ist (Gen 1,3.10.12.18.31). Auch das Neue Testament betont: »Alles, was Gott geschaffen hat, ist gut und nichts ist verwerflich, wenn es mit Dank genossen wird« (1 Tim 4,4). Der Schöpfungsgedanke widerspricht nicht den Evolutionstheorien, wohl aber allen alten wie neuen weltverachtenden dualistischen gnostischen und manichäischen Tendenzen. Für die Bibel ist die Welt ein Abglanz der göttlichen Schönheit und Ausdruck seiner Güte. Die Schönheit und Güte der Welt soll uns vor Welttrauer bewahren; sie schenkt uns, wenn wir nicht blind und taub sind, Freude: »Ich aber«, so Hildegard von Bingen, »besitze den Himmel, wenn ich alles, was Gott erschaffen hat, richtig anschaue.«[82]

Die Erde und ihre Güter sind dem Menschen als Gabe Gottes geschenkt; er soll sie nicht vergöttern, darf sie aber dankbar gebrauchen und sich an ihnen freuen.[83] Vor allem Brot und Wein, Frucht der Erde und der menschlichen Arbeit, sollen sein Herz erfreuen (Ps 4,8; 104,15; Hld 9,7; Koh 9,7; Sir 40,20). Außer dem Wein nennt die Schrift, was Martin Luther besonders wichtig war, auch das Bier (Sir 4,20). Als Gerstensaft war ihm das Bier wie das Brot eine Gottesgabe, welche die Traurigkeit nimmt und das Herz erfreut.[84]

Die Freude an den Schöpfungsgaben findet in der Kulturtradition der gesamten Menschheit ihren Ausdruck in der Mahlgemeinschaft, bei besonderen Anlässen mit Musik, Gesang und Tanz, in Jubel und Frohlocken. Das Buch Deuteronomium spricht vom gemeinsamen Fröhlichsein des ganzen Volkes vor Gott.[85] Die frohe Mahlgemeinschaft ist wesentlicher Teil der Hoffnung für die messianische Zeit.[86] »Sie kommen und jubeln auf Zions Höhe, sie strahlen vor Freude über die Wohltaten des HERRN, über Korn, Wein und Öl, über Lämmer und Rinder … Dann freut sich die Jungfrau beim Reigentanz, ebenso Junge und Alte zusammen … mein Volk wird satt an meinen Gaben« (Jer 31,12–14).

Das Gebet vor und nach der Mahlzeit ist darum ein fester biblischer Brauch, der uns an den Geschenkcharakter der Nahrung erinnert (Dtn 8,10; 1 Tim 4,4 f). In unserer Zeit der industriellen Massenproduktion der Lebensmittel, die man sich auch aus einem Automaten besorgen kann, haben wir dafür den Sinn verloren. Unsere Überflussgesellschaft ist zu einer Wegwerfgesellschaft geworden, die achtlos mit den Gaben der Schöpfung umgeht. Früher galt es als Sünde, wertvolle Schöpfungsgaben, besonders Brot, achtlos wegzuwerfen; das sollte auch heute als Ausdruck von Undankbarkeit und angesichts des Hungers von Millionen Menschen als unverantwortlich gelten. Dass heute gar lebensnotwendige Güter oft gezielt massenhaft vernichtet werden, während andere hungern, ist ein Skandal.

Die Gabe der Schöpfung ist zugleich Aufgabe für den Menschen. Er soll die Erde bebauen, sie kultivieren und bevölkern und sie zu einem menschengerechten Lebensraum und zum gemeinsamen Haus aller Menschen machen (Gen 1,28–30; 2,15). Man spricht vom Kulturauftrag des Menschen. Heute ist die Bewahrung der Schöpfung als das gemeinsame Haus aller zur Überlebensfrage der Menschheit geworden.[87] Die Erde und ihre Güter gehören allen Menschen gemeinsam. Jeder hat das Recht, menschenwürdig selbstbestimmt von den Gaben der Schöpfung leben zu können. Die Bibel anerkennt und schützt das rechtmäßig erworbene persönliche Eigentum (Ex 20,15; Dtn 5,19); aber das persönliche Eigentum schließt eine soziale Verpflichtung ein. Man kann nicht selbst in Saus und Braus leben, während andere hungern und darben. Was wir als Gabe empfangen haben, sollen wir als Gabe teilen und weitergeben. Die Gaben der Schöpfung sind ein Geschenk zum Weitergeben. Wir sollen uns Freude machen mit dem ungerechten Mammon (Lk 16,9). Habgier und Neid verschließen das Herz. Geschenkte Freude dagegen kehrt ins eigene Herz zurück.

Der Mensch: Bild Gottes

In besonderer Weise ist der Mensch als Bild Gottes Gott ähnlich geschaffen (Gen 1,26 f; 5,1 f). »Du hast ihn nur wenig geringer gemacht als Gott, hast ihn gekrönt mit Pracht und Herrlichkeit« (Ps 8,6). Das gibt dem Menschen seine unveräußerliche, je einmalige Würde. Bild Gottes war in der Alten Welt der König; diese Vorstellung wird in der Bibel demokratisiert und universalisiert und auf alle Menschen übertragen, ganz unabhängig von ihrer völkischen, ethnischen, kulturellen und religiösen Zugehörigkeit.[88] Das geht weit über den antiken Humanismus hinaus, der zwischen Griechen und Barbaren, Freien und Sklaven unterschieden und auch Kinder als eine Sache verstanden hat. Die Würde jedes Menschen als Mensch und die Lehre von den fundamentalen Rechten jedes Menschen ist durch die Bibel in die Welt gekommen und schon vor der amerikanischen Unabhängigkeitserklärung und vor der Französischen Revolution von Dominikaner-Theologen des beginnenden 16. Jahrhunderts grundgelegt worden.[89]

Jeder Mensch kann von sich sagen: Gott weiß um mich, ob ich sitze oder stehe, er kennt mein Innerstes und umfängt mich von allen Seiten (Ps 139). Noch bevor ich geboren wurde und im Schoß meiner Mutter war, hat Gott von aller Ewigkeit her an mich gedacht (Ijob 31,15; Ps 22,10; 71,6; 129,1). Jeder kann sagen: Ich bin ein ganz einmaliger Liebesgedanke Gottes, nicht ein Produkt des Zufalls, keine Laune des Schicksals, nicht nur Ergebnis einer Evolution. Ich bin gewollt und geliebt. Ich bin ein Geschenk. Vor Gott darf ich sein. Er nimmt mich an, und darum darf auch ich mich annehmen, wie ich andere wohlwollend annehmen soll. Wo immer wahre Freude unter Menschen und in Menschen ist, da finden sich ein Strahl und ein Funke von Gottes eigener Glückseligkeit. Da leuchtet etwas auf von Gottes Herrlichkeit und Schönheit.

Das Leben jedes Menschen als Bild Gottes ist heilig. Gott hat es unter seinen besonderen Schutz gestellt (Ex 20,13; Dtn 5,17). Darum darf nicht das schon in der Antike gebrauchte Wort *homo homini lupus* (»Der Mensch ist dem andern Menschen ein Wolf«) gelten (Plautus; Thomas Hobbes); jeder Mensch soll dem anderen Gott sein (Erasmus; Franz von Vittoria; Francis Bacon) oder etwas unmissverständlicher ausgedrückt: jeder Mensch dem anderen ein Freund sein, weil sich in ihm Gottes Heiligkeit und Herrlichkeit abbildet.

Martin Buber hat gezeigt, dass das Menschsein nur im Gegenüber und Miteinander von Ich und Du sich verstehen lässt und das in diesem Zwischen Gott sich zeigt.[90] Vollends spricht Emmanuel Lévinas von der Spur des Anderen, in dessen je einmaligem Angesicht etwas Unbedingtes und Allgemeingültiges aufleuchtet, das uns in Verantwortung nimmt.[91] Wir sollen dem anderen Menschen nicht nur mit Respekt begegnen, sondern dürfen in jeder Begegnung im anderen Menschen dankbar ein Geschenk Gottes sehen, dem wir uns selbst zum Geschenk machen sollen. Wir sind dazu da, um einander Freude zu machen.

Der Mensch – Mann und Frau

Gott hat den Menschen nicht als einsames Wesen, sondern als Mann und als Frau geschaffen (Gen 1,17). Es gibt nicht *den* Menschen; es gibt den Menschen nur in der »Doppelausgabe« von Mann und Frau; beide zusammen sind sie Bild Gottes, der in sich Liebe und Freude ist. Beide haben vor Gott und voreinander dieselbe Würde. Von Minderbewertung der Frau findet sich in der Schöpfungsordnung keine Spur; sie ist Ergebnis der sündigen Ordnung (Gen 3,16), die jedoch in Christus ihre Gültigkeit verloren hat (Gal 3,28). Darum ist es gerade für Christen eine Aufgabe und eine Herausforderung, die Ebenbürtigkeit in der menschlichen Würde von Mann und Frau und ihren gemeinsamen Kulturauftrag zu achten und sie gegen eine einseitig männlich bestimmte Kultur in der Lebenswirklichkeit von Ehe und Familie, in der Gesellschaft und auch in der Kirche konkret zum Ausdruck zu bringen.

Gott hat Mann und Frau füreinander und für einander anziehend geschaffen (Gen 2,24). Diese gegenseitige Bezogenheit kann geschichtlich und kulturell unterschiedliche Ausprägungen finden, und sie ist gegenwärtig erneut im Wandel begriffen. Sie setzt sowohl Wesensgleichheit und Ebenbürtigkeit voraus wie Unterschiede nicht rein leiblicher Natur, sondern aufgrund der Leib-Seele-Einheit des Menschen auch Unterschiede in der Wesensart von Mann und Frau. Nur beides zusammen macht Männer und Frauen anziehend füreinander; nur so können sie füreinander interessant und anziehend sein, sich gegenseitig menschlich bereichern und Freude aneinander haben.[92] Adam bricht darum in einen Jubelruf aus, als er Eva erstmals erblickt (Gen 2,23). Das Hohe Lied, ursprünglich ein profanes Liebeslied, ist voll erotischer Anspielungen. Dass es später spirituell gedeutet wurde, zeigt, dass erotische Liebe als Gleichnis für Gottes zärtliche Liebe gelten kann. Die Bibel kennt keine engherzige Prüderie; sie begegnet Sexus und Eros nicht mit Misstrauen, sondern bejaht sie als Gottes gute Schöpfungsgaben. Das geht so weit und weit über unsere modernen Gesetze hinaus, dass im Alten Testament ein junger Mann ein Jahr nach der Eheschließung vom Militärdienst freigestellt bleiben und seiner Frau Freude bereiten soll (Dtn 24,5).

In der Kulturgeschichte und auch in der Kirchengeschichte gab es immer wieder Strömungen, die Eros und Sexus, wenn nicht verurteilten, so doch um der Fortpflanzung willen fast nur als notwendiges Übel zuließen. Manichäische Verurteilungen hat die Kirche immer strikt zurückgewiesen. Gleichwohl finden sich in der Geschichte des Christentums oft kleinliche ängstliche Vorstellungen. Manche Äußerungen von Kirchenvätern über Sexualität oder über Frauen sind für uns heute schlicht peinlich. Papst Franziskus hat die positive schöpfungsgemäße Sicht in dem Apostolischen Schreiben, das nicht umsonst *Amoris laetitia,* »Freude der Liebe« (2016) heißt, in befreiender Weise wieder neu ins Licht gehoben.

Aus der Verbindung von Mann und Frau gehen mit Gottes Segen Kinder hervor (Gen 1,28). Jedes neugeborene Kind versetzt uns in Staunen als ein Wunderwerk Gottes. Schon Eva, die Mutter aller Lebendigen, erkannte in der Geburt Kains mit Freude ein Zeichen dafür, dass das Leben weitergeht trotz der Drohung mit dem Tod und der Vertreibung aus dem Paradies (Gen 2,17). Freudig sagt sie: »Ich habe einen Mann vom HERRN erworben!« (Gen 4,1). Nach dem Mord an Abel bei der Geburt von Set: »Gott setzte mir einen anderen Nachkommen« (Gen 4,25). Die langen Listen der Nachkommenschaft Adams und Noachs im Buch Genesis zeigen, dass die Segensverheißung für das Leben weitergilt und stärker ist als der Tod. »Siehe, ein Erbteil vom HERRN sind Söhne, ein Lohn ist die Frucht des Leibes« (Ps 127,3). In jedem ersten Lächeln eines neugeborenen Kindes lächelt uns Gott zu.

In jedem Kind erweist sich Gott neu als unversiegbare schöpferische Quelle des Lebens, die der Familie, dem Stamm und Volk und der Menschheit neu Zukunft schenkt. Selbstverständlich kann es sich nicht darum handeln, Kinder nur in die Welt zu setzen, ohne Verantwortung dafür zu übernehmen, dass das Kind gesund und menschenwürdig, normalerweise in der Familie und unter Berücksichtigung der Gesundheit vor allem der Frau und des Wohls der schon vorhandenen Kinder, aufwachsen kann.[93] Eine kinderfeindliche Mentalität oder Politik bedeutet eine Gesellschaft und ein Volk ohne Zukunft, und was wäre eine Zukunft ohne das Lachen und ohne die Lebensfreude von Kindern? Aus dem Mund von Kindern und Säuglingen erklingt das Lob Gottes (Ps 8,3; Mt 21,16). So sind Kinder die besonderen Lieblinge Jesu (Mt 18,2–5; 19,13–15 par). Jedes Kind steht unter dem besonderen Schutz Gottes (Mt 18,10). Jede Art des Missbrauchs von Kindern ist darum ein abscheuliches Verbrechen. Freude an Kindern dagegen die beste Zustimmung zur Welt und ihrer Zukunft.

Der Lobgesang der Schöpfung

Zu ihrem Höhepunkt kommen die Freude und der Dank für die Schöpfung im Alten Testament in den Schöpfungspsalmen.[94] »Die Himmel erzählen die Herrlichkeit Gottes, und das Firmament kündet das Werk seiner Hände« (Ps 19,2). Gott wird gepriesen als Quelle des Lebens, in seinem Licht schauen wir das Licht (Ps 36,19). »Preise den HERRN, meine Seele! HERR, mein Gott, überaus groß bist du! Du bist mit Hoheit und Pracht bekleidet. Du hüllst dich in Licht wie in einen Mantel, du spannst den Himmel aus gleich einem Zelt. Du verankerst die Balken deiner Wohnung im Wasser. Du hast die Erde auf Pfeiler gegründet, in alle Ewigkeit wird sie nicht wanken« (Ps 104,1–3a.5).

Doch größer als alle anderen Werke der Schöpfung ist der Mensch: »Seh ich deine Himmel, die Werke deiner Finger, Mond und Sterne, die du befestigt: Was ist der Mensch, dass du seiner gedenkst, des Menschen Kind, dass du dich seiner annimmst? Du hast ihn nur wenig geringer gemacht als Gott, du hast ihn gekrönt mit Pracht und Herrlichkeit. Du hast ihn als Herrscher eingesetzt über die Werke deiner Hände« (Ps 8,4–7). Die Erhabenheit des Menschen gegenüber der übrigen Schöpfung zeigt sich darin, dass der Mensch durch seine Vernunft die Schönheit, Größe und Gesetzmäßigkeit der Schöpfung erkennen und im Lobgesang des Schöpfers zum Klingen bringen kann.[95]

Dieser Lobgesang der Psalmen findet sich wieder in weisheitlichen Schriften (Ijob 38–39; Sir 17,8 f; Weish 13,1–9) und im Lobgesang der drei Jünglinge im Feuerofen: »Preiset den HERRN alle Werke des HERRN, lobt und rühmt ihn in Ewigkeit.« Dann werden alle zum Lobpreis Gottes aufgerufen: Wasser und Wind, Sonne und Mond und alle Sterne am Himmel, Regen und Tau, Feuer und Glut, Frost und Hitze, Eis und Kälte, alle Gewächse auf Erden, alle Lebewesen im Meer, am Himmel und auf der Erde und schließlich alle Menschen (Dan 3,51–90).

Auch nach dem Neuen Testament gibt die Schöpfung Zeugnis von Gott (Röm 1,19 f; Apg 14,17; 17,24–28). Das ist nicht im Sinn eines Gottesbeweises gedacht, sondern vielmehr im Sinn eines gleichsam intuitiven Eindrucks und eines Überwältigtseins von der Erhabenheit und Schönheit, ja dem Wunder der Schöpfung, dem sich kein unvoreingenommener Mensch entziehen kann beim Blick auf die Sterne, auf Berge, Meere und Seen, auf die Welt der Tiere und der Pflanzen, besonders der Blumen, und nicht zuletzt des Menschen, sozusagen das Meisterwerk des Schöpfers. Dieser Eindruck findet sich auch außerhalb der Bibel und in nichtchristlichen Religionen wie in der Lyrik der gesamten Menschheit. In der Bibel wird diese allgemeine Erfahrung im Licht des JHWH-Glaubens ausgelegt und gedeutet.[96]

Aus diesem biblischen Geist stammt der bekannte Sonnengesang des heiligen Franziskus: »Lob sei Dir, Du Herre mein, mit all deinen Geschöpfen, zumal mit dem Herrn Bruder, der Sonne, denn er ist der Tag, und er spendet Licht uns durch sich. Und er ist schön und strahlend in großem Glanz. Dein Sinnbild trägt er, Du Höchster.« Das Lob fährt fort mit der Schwester Mond und den Sternen, dem Bruder Wind, der Schwester Wasser, dem Bruder Feuer, der Mutter Erde und spricht auch vom Bruder Tod. Als weltfremd und naiv kann dieses Loblied nur bezeichnen, wer nicht weiß, dass Franziskus es in Tagen niederschrieb, als er nahezu erblindet in seiner armseligen Hütte aus Stroh bei St. Damiano krank und hilflos lag und noch dazu von Mäusen arg geplagt wurde.[97]

Das Lob der Schöpfung kommt in vielen Kirchenliedern zum Ausdruck. Nur einige wenige Beispiele können genannt werden: »Dein Lob, Herr, ruft der Himmel aus« (GL 381 nach Ps 19), »Lobe den Herren, den mächtigen König der Ehren« (GL 392 nach Ps 103,1 f), »Singt dem Herrn ein neues Lied« (GL 409 nach Ps 98,1), »Erde, singe, dass es klinge, laut und stark dein Jubellied« (GL 411).

Freude, schöner Götterfunke

Lebensfreude ist ein allgemeinmenschliches menschheitliches Phänomen. Sie spiegelt sich in der gesamten Weltliteratur. Dass sie ein vielfältiges, facettenreiches und auch vieldeutiges Phänomen ist, zeigt schon die Vielfalt sprachlicher Ausdrücke. Wir sprechen von Fröhlichkeit, Heiterkeit, Frohsinn, guter Laune, ebenso von Sinnenfreude, Genuss, Augen- oder Gaumenschmaus, daneben von Vergnügen, Spaß, Ausgelassenheit, dann wieder von Jubel, Jauchzen, Frohlocken, und umgangssprachlich sagen wir einfach *happy*.[98]

Mit den genannten Worten wird die Freude mit unterschiedlichen Akzenten als Zustimmung zum Leben und als Lebensbejahung verstanden und als Dankbarkeit für das Leben und die Güter des Lebens beschrieben. Sie drückt ein Innehalten und ein Stillestehen aus, bei dem wir Ja sagen zum Leben. Ja, es ist gut, es ist schön, es tut gut, ja, es ist gut, dass du bist. Es gibt solche Momente, in denen wir die Erfüllung oder eine Erfüllung des Lebens erfahren. Dabei erfahren wir das Leben nicht nur als ein Faktum oder als Schicksal, geschweige denn als Verhängnis oder Unheil, sondern als etwas Geschenktes, das man nicht machen und nicht organisieren kann. Es gibt freilich auch Pseudofreuden, etwa die Schadenfreude, die das Leben nicht reicher machen, es vielmehr beschädigen, die nicht fröhlicher, sondern letztlich traurig machen. In der wahren Freude dagegen fühlen wir uns in Harmonie mit der Welt und mit uns selbst. Wir sind einfach froh und glücklich.

Statt abstrakte philosophische Begriffsbestimmungen zugrunde zu legen, gehen wir zunächst mehr phänomenologisch vor, indem wir uns an einige wenige Beispiele der Dichtung halten.

Bekannt ist das Lied von Paul Gerhardt, das einfach die froh machende Erfahrung der Natur, ihrer Schönheit und ihres Reichtums beschreibt:

> Geh aus, mein Herz, und suche Freud
> in dieser lieben Sommerzeit
> an deines Gottes Gaben;
> schau an der schönen Gärten Zier
> und siehe, wie sie mir und dir
> sich ausgeschmücket haben,
> sich ausgeschmücket haben.

Freude hat einen Zeitbezug. Sie ist Einbruch eines Ereignisses, oft ganz kleiner und äußerlich unscheinbarer Dinge, die wir als etwas in einem allgemeinmenschlichen Sinn verstanden Wunderbares empfinden. Man möchte dann in Frohlocken, Jauchzen, in Jubel ausbrechen, man möchte singen, fast an die Decke springen. Solche Freude kann man nicht machen und noch weniger herbeizwingen, nicht organisieren und konstruieren. Sie muss gleichsam vom Himmel fallen. Mit Liebe kann man manches etwas vorbereiten; will man das Fest aber allzu sehr organisieren und gestalten, kann man die Freude auch kaputt machen. Organisierte Freude ist nicht ein Stillestehen, sondern das Ergebnis und die Fortsetzung der Mühen und der Anstrengung bei der Vorbereitung. Es muss dann alles wie vorprogrammiert klappen und nichts darf schiefgehen. Das ist anstrengend und hinterlässt eher einen bitteren Nachgeschmack.

In der Freude steht die Zeit für einen Augenblick stille. Dem Glücklichen schlägt keine Stunde (frei nach Schiller): Ihm ist die Zeit egal; er schaut nicht auf die Uhr, er geht im Augenblick auf. Wir möchten solche Augenblicke gerne auf Dauer stellen und sagen: Verweile doch, Augenblick, du bist so schön. Dieser Versuchung widersteht Goethes Faust; Mephistopheles will ihn dazu zu bringen, nicht weiter zu streben, nicht mehr wissen zu wollen, sondern im Erreichten zu verharren und sich auf dem »Faulbett« eines flüchtigen Erlebnisses, das man gar nicht festhalten kann, auszuruhen.

> Werd ich zum Augenblicke sagen:
> Verweile doch! Du bist so schön!
> Dann magst du mich in Fesseln schlagen.
> Dann will ich gern zugrunde gehn!

Freude ist Unterbrechung des Alltags, Sonn- und Feiertag, nicht einfach Alltag. Alle Tage Sonnenschein: Das wäre doch zu viel. Die Folge wäre eine Dürre, ein Versiegen der Quellen und des Wassers, wären Überdruss, Langeweile, Ermüdung, nicht Oase in der Wüste, sondern nur Wüste.

Freude ist Vorfreude, aber auch Erinnerung an Freude. Freude ist aristotelische Mitte und Vermittlung der Zeit zwischen Jugend und Alter. Die Jugend ist voller Hoffnung und Begeisterung, da sie die Erfahrung des Scheiterns noch nicht gemacht hat. Das Alter ist oft illusionslos und arm an irdischer Hoffnung. Der Prediger sagt: »Denk an deinen Schöpfer in deinen frühen Jahren, ehe die Tage der Krankheit kommen und die Jahre dich erreichen, von denen du sagen wirst: Ich mag sie nicht!« (Koh 12,1). Weniger skeptisch resigniert und wesentlich versöhnlicher klingt es bei Friedrich Hölderlin: »Friedlich und heiter ist dann das Alter« (Abendphantasien). Das Alter kennt nicht mehr die enthusiastische jugendliche Freude; aber es verfällt nicht notwendig der Trauer und versinkt nicht unbedingt in Bitterkeit. Es lernt sich zu bescheiden, ist gelassen und weise geworden. In der Erinnerung klingt die erlebte Freude leise nach und wird in Erzählungen an Jüngere zu einem versöhnlichen generationenübergreifenden Band. Vieles verklärt sich in der Rückschau und hinterlässt so innere Zufriedenheit mit dem gelebten Leben und schenkt trotz Altersbeschwerden Lebensmut.

Auch wenn wir die Freude nicht machen können, so können wir doch anderen Freude machen. Das geschieht schon im freundlichen Gruß. In Süddeutschland sagen wir nicht nur: »Guten Tag!«, sondern: »Grüß Gott!« Oft genügen kleine Aufmerksamkeiten durch Worte oder Zeichen, kleine Gaben und Geschenke, ein geselliges Zusammensein oder Gastfreundschaft. Wichtig im Leben sind Feste als Ausdruck und Quellen der Freude, sowohl Familien-, Gemeinde-, Volks-

und Vereinsfeste wie religiöse Festfeiern und die liturgischen kirchlichen Feste. Jugendliche mögen Festivals, die viele Menschen zusammenbringen. Alle Feste vermitteln ein Wir-Gefühl der Zusammengehörigkeit. Sie überbrücken gesellschaftliche Unterschiede und Spannungen. Friedrich Schillers in der *Ode an die Freude* drückt das gut aus:

Deine Zauber binden wieder,
Was die Mode streng geteilt,
Alle Menschen werden Brüder,
Wo dein sanfter Flügel weilt.

Friedrich Schiller hat in seiner Ode zudem die tiefere Dimension, die in Fest und Feier zum Ausdruck kommt, in Worte gefasst:

Freude, schöner Götterfunke
Tochter aus Elysium …
Brüder, überm Sternenzelt
Muss ein lieber Vater wohnen.

Ähnlich und direkter hat Paul Gerhardt gedichtet:

Ach, denk ich, bist du hier so schön
und lässt du's uns so lieblich gehen
auf dieser armen Erden;
was will doch wohl nach dieser Welt
dort in dem reichen Himmelszelt
und güldnen Schlosse werden,
und güldnen Schlosse werden!

Mit dem zuletzt Gesagten berühren wir die tiefste, nämlich die kultische Dimension von Fest und Feier. Auch sie hat viele Gesichter: Neben den kultischen Feiern mit Worten und Symbolhandlungen, Gebeten, Gesängen und Musik gehören dazu Prozessionen, gemeinsame Mähler, auch Tanz und Schauspiel. In der kultischen Festfeier vertieft sich die Zustimmung zur Welt und zum Leben und wird zur Bejahung des Sinngrunds der Welt sowie der Versöhnung, der Übereinstimmung und der Gemeinschaft mit ihm. Bei solchen religiösen Festen wird der Mensch aus dem gewohnten Trott der Handlungsabläufe hinausgehoben, er ist außer sich und wird oft geradezu in einen rauschhaften Trancezustand versetzt. Das kann zu Exzessen führen, aber auch das Gefühl der Erhabenheit, der Ekstase und des Glücks überströmender Freude vermitteln. Letztlich gibt es kein Fest ohne Götter, auch wenn diese heute anders heißen oder als solche nicht bewusst sind.

Der biblische Urfeiertag ist der Sabbat. Nach der biblischen Schöpfungserzählung hat Gott selbst ihn gestiftet (Gen 2,2 f). Damit hat er der Zeit einen Rhythmus gegeben. Sie ist nicht einfach eine lange Weile; sie hat eine Struktur, die nicht durch Produktions- und Arbeitsabläufe bestimmt ist, sondern im Ruhen Gottes begründet ist. Das Ruhen Gottes am siebten Tag ist kein Ausruhen nach dem Sechs-Tage-Werk der Schöpfung; Gott ruht in sich und gibt der Schöpfung Anteil an seiner Ruhe und an seiner Wonne (Jes 58,13).

Nach dem biblischen Sabbatgebot (Ex 20,8–11; Dtn 5,12 f) soll sich der Mensch an diesem Tag aus dem Alltagstrott erheben, sein Herz zu Gott erheben und seiner größeren und höheren Berufung und Würde bewusst werden. Der Tag soll bewusst machen: Der Mensch ist kein Arbeitstier, sondern zur Freude und zur Feier berufen. Dabei soll er sich an die vergangenen Heilstaten Gottes erinnern, sie vergegenwärtigen und sich Gottes bleibenden Da-Seins, seiner Treue und Fürsorge vergewissern. Der Tag Gottes wird so auch zum Tag des Menschen. Der Tag der Ruhe soll nicht einfach ein Tag des Ausschlafens sein. Wir sollen an diesem Tag Zeit haben für uns selbst, Zeit zur Besinnung und zum Nachdenken, Zeit für die Familie, die Freunde und für Geselligkeit aller Art. Im Neuen Testament ist aus dem Sabbat der Sonntag, der Tag des Herrn (Offb 1,10), geworden. Es ist der Tag der Auferstehung. Jeder Sonntag ist darum ein kleiner Ostertag, an dem das österliche Halleluja und die Freude von Ostern in unser Leben hineinklingen sollen.[99]

Man braucht diese Aspekte nur andeuten, um sehr schnell zu merken, wie viel wir in unserer fast total von der Wirtschaft bestimmten Welt an Sabbat-, Sonntags- und Feiertagskultur verloren haben und wie gut es uns und unserer Lebensfreude täte, wenn wir uns darauf wieder zurückbesinnen und Sabbatzeiten vorsehen würden.[100]

Freude – Frucht der Weisheit und der Kunst des Lebens

Es war schon immer schwierig, unter den Philosophen einen Konsens darüber zu finden, worin das wahre Glück besteht. Augustinus hat in seinem *Gottesstaat* bei den antiken Philosophen zweihundertachtundachtzig Lehrmeinungen gezählt; inzwischen sind mindestens nochmals so viele dazugekommen.[101] Die Theologen haben sich mit diesen Theorien auseinandergesetzt; sie haben aber vor allem über die ewige

Freude und das ewige Glück nachgedacht, über die irdische Freude dagegen haben sie sich eher etwas einsilbig ausgesprochen.

Eine erfreuliche Ausnahme ist der wohl bedeutendste mittelalterliche Theologe Thomas von Aquin. Wenn man seine Aussagen unter späteren Übermalungen der Schulthomisten freilegt, wird man schnell merken: Thomas war kein Thomist. Er geht der Frage der Sinnenfreude zwar analytisch staubtrocken, aber eben deshalb sehr realistisch nach.[102] Seine Darlegungen haben fernab aller Befangenheit gegenüber der Sinnenfreunde etwas Erquickendes und Befreiendes.[103]

Thomas unterscheidet zwischen der Sinnenfreude oder Lust (*delectatio*) und der geistigen Freude (*gaudium*). Beide haben gemeinsam, dass ein in der Natur des Menschen angelegtes sinnliches oder geistiges Streben zu seinem natürlichen Ziel kommt und in dem ihm gemäßen Gut (*bonum*) zur Ruhe kommt. Die Sinnenfreude ist bei diesem Zur-Ruhe-Kommen eine naturhafte und gefühlsmäßige zustimmende Bewegung im Menschen, die geistige Freude dagegen ist eine Bewegung des Willens, welcher dem erreichten geistigen Gut bewusst und freudig zustimmt.[104] Dieses entspannte Zur-Ruhe-Kommen der Seele beschreibt Thomas als Weitwerden des Herzens (*dilatatio cordis*). In der Freude geht dem Menschen das Herz auf. Es kann sich nach außen in Jubel (*exultatio*) Luft machen, was sich dann in der gelassenen Heiterkeit (*iucunditas*) des Lebens zeigt.[105]

Lust wie Freude sind also eine gefühlsmäßige oder eine geistig reflexive Bewegung, in welcher der Mensch bei der Lust ein Wohlgefühl empfindet, beim Erreichen des Ziels des geistigen Strebens dem erreichten Gut bewusst zustimmt. Lust wie Freude sind also ein reflexiver Akt einer empfindungsmäßigen oder einer freien und bewussten Zustimmung zur Welt, so wie wir sie mit unseren Sinnen oder mit unserem geistigen Vermögen wahrnehmen.[106] In beiden Fällen verhält sich der Mensch zu sich selbst und zur Welt. Doch anders als bei Kierkegaard und der ihm folgenden Existentialphilosophie führt dieses Selbstverhältnis bei Thomas nicht zwingend zur Angst; es kann eben auch zu Lust und Freude führen. Damit kann uns Thomas bei allem, was auch er über Furcht erweckende Erfahrungen zu sagen weiß, freudige Zustimmung zur Welt lehren.

Mit der Unterscheidung von sinnlicher und geistiger Freude vertritt Thomas alles andere als ein dualistisches Menschenbild. Die Unterscheidung von Seele und Leib bedeutet bei Thomas keine Scheidung. Er ist vielmehr ein entschiedener Vertreter der Leib-Seele-Einheit des Menschen. Die Seele ist für ihn die Form, also das prägende und Leben spendende Prinzip des Leibes, der Leib aber die äußere Gestalt der Seele.[107] Nach Tertullian ist der Leib Eintrittstor, ja Angel des Heils (*caro cardo salutis*).[108] Darum kann die geistige Freude auf den sinnenhaften Bereich überströmen und gesamtmenschliche Freude bewirken.[109] Die Erkenntnis der Wahrheit kann froh machen und beflügeln, sie kann ebenso ängstigen, erschüttern und Abwehrreaktionen auslösen.[110] Im Kommentar zu Psalm 50 (51) zitiert Thomas aus dem Buch der Sprüche: »Ein fröhlicher Geist lässt im Alter aufblühen, ein trauriger Geist aber lässt die Glieder verdorren« (Spr 17,22). Ebenfalls: »Kummer im Herzen bedrückt den Menschen, ein gutes Wort aber heitert ihn auf« (Spr 12,25).[111]

Umgekehrt, und das ist für Thomas grundlegend, nimmt alle geistige Erkenntnis ihren Ausgangspunkt bei der Sinneserfahrung. Thomas spricht besonders dem Tastsinn und noch mehr dem Gesichtssinn Einfluss auf den Geist des Menschen zu. Der Gesichtssinn kann durch Wahrnehmung einer Gestalt geistiges Begehren und Liebe auslösen.[112] Ähnliches hat Augustinus über den Gehörsinn gesagt. Er hat seine Bekehrung beim Hören des Gesangs während des Gottesdienstes in Mailand beschrieben: »Die Weisen drangen an mein Ohr, und die Wahrheit flößte sich ins Herz und fromminniges Gefühl wallte über, die Tränen flossen und mir war wohl bei ihnen.«[113]

Auf der anderen Seite weiß jeder, dass das sinnliche Lustempfinden nicht nur positive geistige und auch religiöse Erfahrungen auslösen kann; das sinnliche Lustempfinden kann den Vernunftgebrauch auch ablenken, behindern und für die Ausrichtung der Freiheit auf das Gute zur Versuchung und Gefahr werden.[114] Durch Schmerz- oder Lustempfindungen kann man Menschen sogar manipulieren und zu Aussagen oder zu einem Verhalten bringen, das sie bei klaren Sinnen niemals wollten. Thomas weiß um diese Ambivalenz. Aber er weiß auch, dass ohne ein gewisses Maß an Sinnenfreude menschliches Leben nicht möglich ist.[115] So kann die Zorneskraft destruktiv sein, sie kann aber ebenso der Entscheidung zum Guten die nötige Durchsetzungskraft und Energie verleihen und so zum heiligen Zorn werden, der nicht zerstört, sondern aufbaut.[116]

Wie aus dieser Ambivalenz herauskommen? Thomas ist in seiner Antwort Aristoteliker. Das Glück ist Vollzug der Freiheit des Menschen.[117] Als Leib-Seele-Wesen darf sich der

Mensch nicht einfach von den Sinnen und ihrem Lustempfinden treiben lassen; er muss dem Lustbegehren der Sinne Zügel anlegen, das heißt: Er muss ihnen das rechte Maß setzen, sie in das Ganze des Lebensziels einordnen und sie auf das geistige Ziel des Menschen hin orientieren.[118] Die Freiheit findet ihre Vollendung und ihr Glück im Tun des Guten, das heißt im tugendhaften Leben.[119] Das geht nicht ohne ein rechtes Maß an Sinnenfreude, wenn sich diese an der Gesamtausrichtung des Menschen auf das Gute orientiert. Die Tugend ist die rechte Mitte zwischen dem Zuviel und dem Zuwenig, zwischen Rigorismus und Laxismus.[120] Diese Mitte lässt sich nicht rein theoretisch finden; sie zu finden ist Sache der Klugheit beziehungsweise der Weisheit. Sie ist in der konkreten Situation die Richtschnur und das Maß des rechten Handelns.[121] Tugend als Maß und Mitte bedeutet darum nicht brave Mittelmäßigkeit. Als die Tugend des rechten Maßes ist sie vielmehr das Optimum des Menschen und das Äußerste seines Seinkönnens.[122] Sie ist optimale Kultur des menschlichen Lebens.[123]

Wenn nun, wie gesagt, die Freude darin besteht, dass die Freiheit des Menschen an ihr Ziel und darin zur Ruhe, zur Entspannung und zur Weitung des Herzens führt, dann entspringt Freude eben dieser Lebensklugheit und Lebensweisheit des Maßes und der Mitte, die alles auf dieses Ziel hin ordnet. Man kann auch sagen: Freude entspringt nicht der Ausgelassenheit, sondern der Lebenskunst (*ars vivendi*) des Menschen, sein Leben in Ordnung zu bringen. *Sapientis est ordinare.*[124] Der Weise, der sein Leben so ordnet, dass es stimmig wird, indem es seiner Bestimmung entspricht, kann und darf es annehmen und es voll Glück und Freude bejahen.

Freude ist das Echo und Zustimmung zu einer Kultur des Lebens der Mitte und des Maßes.

Thomas ist freilich Realist. Er weiß, dass der Mensch dieses Glück des Lebens aus eigener Kraft nicht schaffen und nicht finden kann. Es gibt die nach unten ziehende Schwerkraft und die das Herz eng machende Angst. Die Glückserfahrungen sind flüchtig. Sie lassen sich nicht festhalten und hinterlassen eine Melancholie der Erfüllung, einen Rest des Unerfüllten und einen Durst nach vollendetem Glück zurück. Das Verlangen des Menschen geht über solche momentanen und endlichen Glücksempfindungen hinaus; das Streben des Menschen geht aufs Ganze. Thomas zitiert Boethius: »Seligkeit ist der Zustand, der durch die Versammlung alles Guten vollendet ist.«[125] Doch wie kann dies uns armseligen endlichen Kreaturen jemals glücken?

IV
Gott, mein ganzes Glück und meine Freude

Gott in allen Dingen finden

Alle wollen glücklich sein. Aber mit dem Glück ist es so eine Sache.[126] Es gibt Glücksmomente, doch sie sind flüchtig und füllen das Herz des Menschen nie ganz aus. In der Geschichte der Philosophie finden sich darum von jeher Überlegungen darüber, worin das vollkommene Glück des Menschen besteht. Von Augustinus, der bei den antiken Philosophen zweihundertachtundachtzig Lehrmeinungen aufzählt, war schon die Rede.[127] Thomas von Aquin baute seine gesamte praktische Philosophie und Theologie auf der Ausrichtung des Menschen auf die *beatitudo*, die vollkommene Glückseligkeit, auf. Der Reihe nach geht er alle möglichen Glückserwartungen durch: Reichtum, Ehre, Ansehen, Macht, leiblichen Güter, Lust, geistiges und seelisches Glück und anderes.[128] Keines dieser Güter kann den Menschen endgültig befriedigen, allein Gott kann das vollkommene Glück des Menschen sein.

Diese Art zu argumentieren ist uns heute verdächtig. Sie erweckt den Eindruck, Gott sei ein Lückenbüßer, den wir dann brauchen, wenn wir mit unserem sonstigen Latein am

Ende sind. Vor einer solchen Argumentation hat Dietrich Bonhoeffer zu Recht gewarnt.[129] Denn Gott wäre dann so etwas wie eine Zusatzversicherung für alle Fälle, eine Hintertür, die wir uns offenhalten, oder eine Zugabe, sozusagen das Sahnehäubchen, das man dem Leben und seinen Freuden noch obendrauf setzt.

Die Theologie, wenigstens die, welche diesen Namen verdient, argumentiert solider. Sie geht davon aus, dass der Mensch nach dem Bild Gottes geschaffen ist. Die Seele des Menschen ist, wie Thomas von Aquin im Anschluss an Aristoteles sagt, *quodammodo omnia*, gewissermaßen alles.[130] Gewissermaßen alles, das heißt: Sie ist nicht schlichthin alles. Denn wäre sie alles, würde sie die eigene Endlichkeit verleugnen, sich selbst als gottgleich erklären. Doch wer meint, sich als kleiner Herrgott aufspielen zu können, kann sich nur lächerlich machen. Die menschliche Seele ist nur gewissermaßen alles, das heißt: Sie ist offen, ja hungrig und durstig nach allem. Sie fragt und strebt ruhelos über alles hinaus. Sie kann das Einzelne als Einzelnes nur erkennen, weil sie dieses in einem für alles offenen Horizont sieht und erkennt. Ihr volles Glück und ihre Ruhe kann sie darum nur in dem finden, was wirklich alles ist, das heißt: Sie kann nur in Gott ihr volles Glück und ihre Ruhe finden.[131] Augustinus hat das bekannte Wort formuliert: »Denn geschaffen hat du uns hin zu dir, und ruhelos ist unser Herz, bis es seine Ruhe findet in dir.«[132] In der Frage nach Gott geht es darum nicht um einen Zusatz zu dem, was wir wissen und haben; auch nicht um eine Verlegenheitsantwort, wenn alle anderen Antworten versagen und wir an eine Grenze kommen. Es geht um das Ganze, um Sinn oder Unsinn menschlichen Lebens insgesamt.

Der Psalmist drückt es so aus: »Wie der Hirsch lechzt nach frischen Wasser, so lechzt meine Seele nach dir, Gott. Meine Seele dürstet nach Gott, nach dem lebendigen Gott« (Ps 42,2 f; vgl. 82,2). Der Psalmist geht noch weiter und bekennt: »Mein ganzes Glück bist du allein« (Ps 16,2; vgl. 73,25.28). Diese Exklusivität, die zugleich alles umfassende Universalität und Totalität ist, kommt im Liebesgebot zum Ausdruck, das fordert, dass wir Gott »mit ganzem Herzen, mit ganzer Seele, mit allen Gedanken« lieben sollen (Mt 22,37 par; vgl. Dtn 6,5).

Es gibt Heilige, welche dieses Gebot in der Weise ernst genommen haben, dass sie sich ganz aus der Welt zurückzogen, um ganz für Gott da sein zu können. Andere sind dem Ruf Jesu gefolgt und haben wie die Apostel alles verlassen, um sich ganz dem Dienst am Evangelium zu widmen (Mt 19,27; Lk 14,25.30). Wieder andere, und das allein kann die Lebensform der großen Mehrheit der Christen sein, suchen Gott nicht nur am Rand und an den Rändern menschlicher Existenz oder in Ausnahmesituationen; sie suchen Gott »mitten in der Welt« und wollen »Gott in allen Dingen finden«.[133] Das scheint mir die Botschaft an unsere Zeit zu sein. Das Zweite Vatikanische Konzil hat sie als die Spiritualität und zugleich als das Apostolat der Laien, also der Weltchristen, bezeichnet.[134] Sie gilt selbstredend auch für den vielbeschäftigten Seelsorger. Er soll mitten in der Welt unter den Menschen in allem Gott finden und verkünden.

Größe und Elend des Menschen

Mit dem bisher Gesagten fängt das theologische Problem erst an. Denn mit dem Verlangen, sein Glück in Gott zu finden, überschreitet der Mensch die Möglichkeiten seines Menschseins. Es wäre vermessener Hochmut, wollten wir meinen, Gott an uns reißen und ihn sozusagen in Besitz nehmen. Das könnte nur zu Frustration, Traurigkeit und Resignation, aber keinesfalls zu der ersehnten Freude führen. Umgekehrt wäre es Kleinmut, das Streben nach Gott aufzugeben. Wir würden dann hinter unserer Würde als Menschen zurückbleiben und unter unserem Niveau leben.

Albert Camus hat sich in seinem Essay *Der Mythos von Sisyphos* mit dieser Aporie, in der wir als Menschen stecken, ausführlich auseinandergesetzt. Dieser Mythos erzählt, dass Sisyphos als Strafe einen schweren Stein den Berg hinaufschieben musste, aber jedes Mal, wenn er das Ziel fast erreicht hat, rollte der Stein wieder zurück, und Sisyphos muss von Neuem anfangen. Gewöhnlich versteht man diesen Mythos als Ausdruck der Vergeblichkeit des menschlichen Daseins. Nicht umsonst spricht man von einer Sisyphos-Aufgabe oder einer Sisyphos-Arbeit. Camus dagegen schließt seinen Essay: »Der Kampf gegen Gipfel vermag ein Menschenherz auszufüllen. Wir müssen uns Sisyphos als einen glücklichen Menschen vorstellen.«[135] Damit will Camus die aussichtslose Lage des Menschen akzeptieren. Er versteht die bewusste und freie Annahme der Situation des Sisyphos nicht als Eingeständnis seines Scheiterns, sondern als Selbstverwirklichung der Freiheit des Menschen und den frei übernommenen, aber glücklosen Kampf gegen den Gipfel als das Glück des Menschseins.

Man wird einer solchen Position den Respekt nicht versagen wollen. Doch Fragen sind erlaubt. Scheitert eine solche Situation nicht spätestens am Tod? Camus selbst kann den Tod nur als Schicksal anerkennen. Doch Schicksal ist nicht erst der Tod, sondern bereits der Eintritt ins Leben. Wir werden bei der Geburt ungefragt und ungewollt in eine bestimmte Familie, in ein bestimmtes Volk, in eine bestimmte Kultur und geschichtliche Situation hineingeboren. Geborenwerden wie Sterbenmüssen sind kein Akt der Freiheit. Sie sind dem Menschen zugeschickt. Wenn also Anfang wie Ende des menschlichen Lebens unergründliches Schicksal sind, über das wir nicht frei bestimmen können, das uns vielmehr naturhaft zukommt, dann ist auch unsere Freiheit kontingent. Sie kann dann nicht in einer absoluten, von den naturhaften Bedingungen der Existenz absehenden Weise über Glück oder Unglück des Lebens bestimmen.

Die Bibel setzt anders an. Sie versteht den Anfang des Lebens als ein Geschenk, das wir zusammen mit den Gaben, die wir mitbekommen haben und die uns das Leben bietet, dankbar und mit Freude von Gott annehmen dürfen. In allem sollen und können wir Gott finden. Die Bibel weiß zugleich, dass wir das endgültige Glück des menschlichen Daseins, das in Gott besteht, nicht »machen«, uns nicht erarbeiten, nicht verdienen, nicht organisieren, auch nicht durch aszetische Anstrengung oder religiöse Praktiken erwerben können. Die Demut, sich beschenken zu lassen, ist nicht die Demütigung des Menschen, sondern die Anerkennung der

Wahrheit unseres Seins und damit die Anerkennung der wahren Würde, die wir von Gott und vor Gott haben.

Die Bibel kennt, mit Blaise Pascal zu sprechen, Größe und Elend des Menschen. Der Hochmut, der das endgültige Glück selbst machen will, wie der Kleinmut, der an dieser letzten Erfüllung verzweifelt, wird aufgehoben in der Demut, sich dieses Glück schenken zu lassen. Gott, der für uns unerreichbar ist, hat sich selbst in seiner Demut zu uns herabgelassen und sich uns in Jesus Christus geoffenbart und geschenkt.[136]

In dieser Einsicht, dass das endgültige und bleibende Glück und die vollendete Freude des Menschen nicht aufgrund unseres eigenen Verdienstes, sondern allein aus Gnade, *sola gratia*, möglich ist, kommen von unterschiedlichen Ausgangspunkten her Thomas von Aquin und Martin Luther überein.[137] Das *sola gratia*, in dem sich das zentrale Anliegen Luthers ausdrückt, ist älteste katholische Tradition, die im späten Mittelalter vielfach verdunkelt war. Sie findet sich unter wiederum anderen, nämlich neuzeitlichen Denkvoraussetzungen auch bei Sören Kierkegaard. Das *sola gratia* ist die Grundbotschaft der Bibel, nicht als Demütigung des Menschen, sondern als gnadenhafte Befreiung seiner Freiheit und seine vollendete Beglückung und damit als Botschaft der Freude. Sie ist das Vorzeichen, das als Protoevangelium aller Geschichte voranleuchtend über der ganzen Geschichte der Menschheit steht.[138]

Evangelium – Botschaft der Freude

Evangelium meint ursprünglich nicht ein Buch oder die vier Bücher der Evangelien. Evangelium meint ursprünglich Freudenbotschaft, die durch den Freudenboten öffentlich ausgerufen wird.[139] Schon im alten Ägypten wurde die Thronbesteigung eines neuen Herrschers vom Herold als Beginn eines Zeitalters von Frieden und Freude, als neue Schöpfung aus dem Chaos ausgerufen. In ähnlicher Weise werden in den Königspsalmen des Alten Testaments[140] die Inthronisation des Königs oder dessen Jubiläen gefeiert. Bei den Propheten wird die Thronbesteigung Gottes verkündet. Das zweite Jesaia-Buch spricht vom Freudenboten, der das Kommen des messianischen Reiches verkündet. »Wie willkommen sind auf den Bergen die Schritte des Freudenboten, der Frieden ankündigt, der eine frohe Botschaft bringt und Heil verheißt, der zu Zion sagt: Dein Gott ist König« (Jes 52,7). Die Botschaft »Dein Gott ist König« wird von Propheten als universale Botschaft verstanden. »Alle Enden der Erde werden das Heil unseres Gottes sehen« (Jes 52,10; vgl. Jes 60). Damit wird für die Armen und für alle, deren Herz zerschlagen ist, ein Gnadenjahr des Herrn ausgerufen (Jes 61,1 f; vgl. 51,11).

Freudengesänge angesichts der Groß- und Machttaten JHWHS haben im Alten Testament eine alte Tradition. Nach dem Durchzug durch das Rote Meer sang Israel dem Herrn ein Lied: »Singt dem HERRN ein Lied, denn er ist hoch und erhaben! Ross und Reiter warf er ins Meer« (Ex 15,21). Die Bundeslade wird nach Jerusalem überführt unter Jubelgeschrei des Volkes und unter dem Klang des

Widderhorns (2 Sam 6,15). Über die Rückkehr der Exulanten nach Jerusalem sagt der Psalmist: »Als der HERR das Geschick Zions wendete, da waren wir wie Träumende. Da füllte sich unser Mund mit Lachen und unsere Zunge mit Jubel. Da sagte man unter den Völkern: Groß hat der HERR an ihnen gehandelt! Ja, groß hat der HERR an uns gehandelt. Da waren wir voll Freude« (Ps 126,1–3).

Als Hanna auf ihre Bitten und Tränen ihr Sohn Samuel geschenkt wurde, da jubelte sie: »Mein Herz ist voll Freude über den HERRN, erhöht ist meine Macht durch den HERRN« (1 Sam 2,1). Der Lobgesang der Hanna hat Pate gestanden für das *Magnifikat* Marias im Neuen Testament: »Meine Seele preist die Größe des Herrn, und mein Geist jubelt über Gott, meinen Retter« (Lk 1,46 f).

Die Psalmen sind voll der Freude über Gott. »Mein ganzes Glück bist du allein« (Ps 16,2; vgl. 73,25.28). Gott schafft dem Herzen des Menschen Raum, er weitet es, richtet es auf (Ps 4,8) und erfüllt das Herz mit Freude (43,4; 104,33 f). »Meine Stärke und mein Lied ist der HERR; er ist für mich zur Rettung geworden. Schall von Jubel und Rettung in den Zelten der Gerechten: Die Rechte des HERRN, Taten der Macht vollbringt sie« (Ps 118,14–15). Das kirchliche Stundengebet beginnt den anbrechenden Tag mit dem Psalm 95: »Kommt, lasst uns jubeln vor dem Herrn und zujauchzen dem Fels unseres Heils. Lasst uns mit Lob seinem Angesicht nahen, vor ihm jauchzen mit Liedern« (Ps 95,1 f). Die Freude über Gott ist in den Psalmen sozusagen ein Dauerthema.[141] Es ist nicht nur Freude darüber, dass Gott ist, sondern die Freude, dass Gott heilschaffend für uns da ist, dass er der Da-, Für- und Mit-uns-Seiende ist. Der Prophet Nehemia kann zusammenfassend sagen: Die Freude an Gott ist unsere Stärke (Neh 8,10).

Im zweiten Jesaia-Buch wird die Botschaft der Freude zu einer Botschaft der Hoffnung auf die messianische Zeit (Jes 42,1–4; 44,23

u. a.). Es wäre jedoch verkehrt, die prophetische Botschaft als billige Vertröstung abzutun. In der Hoffnung ragt die Freude als Vorfreude, als Ermutigung und Stärkung bereits machtvoll in der Gegenwart herein. Die Hoffnung schenkt der Gegenwart die Gewissheit, unter der Verheißung zu leben; sie eröffnet einen Weg in die Zukunft. Das gibt Zuversicht und macht Mut. Während sich nach griechischem Verständnis Freude und Trauer ausschließen, ergeht die frohe Botschaft der Bibel an Menschen, die sich in der Bedrängnis befinden, und verheißt ihnen künftiges Glück und zugleich Mut und Trost in der Gegenwart. In diesem Sinn ist die Botschaft von der Freude mit der Hoffnungsbotschaft von der verheißenen Zeitenwende verbunden und verschwistert.

Im Neuen Testament wird das Hereindrängen des endzeitlichen messianischen Freudenreiches und der Freudenzeit in der Gegenwart konkret. Jesus tritt als der verheißene Freudenbote auf. Jetzt, mit seiner Ankunft, kommt das verheißene Reich Gottes. »Die Zeit ist erfüllt. Das Reich Gottes ist nahe« (Mk 1,14 f; vgl. Mt 4,17; 10,7; Lk 4,19; 10,9.11). Die Fülle der Zeit ist angebrochen; die Zeit ist nicht mehr die in Leere hineinlaufende und sich verlaufende Zeit. Sie ist erfüllt, weil Gott selbst im Kommen ist und in die Zeit eintritt. Die Zukunft ist nun nicht mehr ein ausstehendes *Futurum*, sondern *Adventus*. Zukunft, weil Gott in der Zeit, also hier und heute, auf uns zukommt. »Heute hat sich das Schriftwort, das ihr eben gehört habt, erfüllt«, sagt Jesus seinen erstaunten Hörern bei seiner »Antrittspredigt« in Nazaret (Lk 4,21).

Indem Gott auf uns zukommt und seine Herrschaft antritt, rückt er uns sozusagen auf den Leib. Die Freudenbotschaft ist zugleich Umkehrbotschaft. »Kehrt um und glaubt an das Evangelium!« Sie ist unerhörte Gabe und zugleich Aufgabe, die unsere Entscheidung ermöglicht und zugleich herausfordert. Das Reich Gottes ist kein irdisch fassbarer und menschlich organisierbarer oder gar gewaltsam durchsetzbarer Gottesstaat. Es ist im Kommen und stellt uns vor die Entscheidung, sein Kommen in der Umkehr ankommen zu lassen.[142] Martin Buber hat von geschehender Geschichte gesprochen.[143] Gott gibt sich in die Hände des Menschen. Er ist nicht nur All-Macht, sondern auch All-Leid und überwindet und besiegt eben so, da er Gott ist und Gott bleibt, das Leid und selbst den Tod.

So läuft die Jesusgeschichte auf den Karfreitag und auf Ostern zu; sie kommt in der Auferweckung Jesu von den Toten an ihr Ziel. Im Einleitungsgruß des Römerbriefs verkündet Paulus das Evangelium von Jesus Christus, »der dem Geist der Heiligkeit nach eingesetzt ist als Sohn Gottes in Macht seit der Auferstehung von den Toten« (Röm 1,4).[144] Paulus greift damit an dieser wie an sehr vielen anderen Stellen die Grundbotschaft Jesu unter dem Titel *Evangelium,* frohe Botschaft von der vom Uranfang an verheißenen und erhofften Wende der Zeit, auf. Die Wende der Zeit ist wie in der Verkündigung Jesu die Fülle der Zeit (Gal 4,4). Sie ist kein kalendermäßiges Datum des Zu-Ende-Gehens der Zeit, sondern Vollendung, Vollwerden und Fülle der Zeit durch das Kommen des Sohnes Gottes, der alles im Himmel und auf der Erde unter ihm als Haupt zusammenfasst und damit den ewigen Ratschluss Gottes erfüllt (Eph 1,10). Damit ist die neue Zeit der Freiheit der Söhne und Töchter Gottes gekommen. Mitten in der Zeit ist der neue Äon, die erhoffte Freudenzeit angebrochen.[145]

Die Paradoxie dieser Freudenbotschaft kommt in der biblischen Darstellung anschaulich zum Ausdruck. Bereits die Kindheitsgeschichte ist inmitten menschlicher Armut ganz von der Stimmung der Freude erfüllt (Lk 1,14.20.45). Sie drückt sich aus im Lobgesang Marias im Magnifikat (Lk 1,46–55) wie im Lobgesang des Zacharias im Benediktus (Lk 1,68–79). Vollends wird die Geburt Jesu vom Engel als Freude für das ganze Volk Israel verkündet (Lk 2,10). Die armen und damals verachteten Hirten kehren vom Besuch an der Krippe zurück, rühmen Gott und preisen ihn für das, was sie gehört und gesehen haben (Lk 2,20). Diese Freude wird gleichsam universal durch die Freude der drei Weisen als Repräsentanten der Völker beim Eintreffen am Ort der Krippe in Betlehem (Mt 2,10). Doch gerade ihr Kommen löst den Kindermord von Betlehem aus, und Jesus wird zum prominentesten Flüchtlingskind der Weltgeschichte.

Die Wundertaten Jesu erfüllen das Volk mit Freude (Lk 13,17; 18,43; 19,6.37). Sie sind Zeichen, dass die Freudenzeit angebrochen ist (Mk 2,18–20; vgl. Joh 8,56). Sie sind Zeichen der hereinbrechenden Gottesherrschaft. Jetzt ist Freudenzeit, Hochzeit, das heißt hohe Zeit (Mk 2,18–20); Jesus ist der Bräutigam (Mk 2,19 f). Seine Bergpredigt beginnt mit den Seligpreisungen (Mt 5,3–11; Lk 6,20–22). »Mit dem Himmelreich ist es wie mit einem Schatz, der in einem Acker vergraben war. Ein Mann entdeckte ihn und grub ihn wieder ein. Und in seiner Freude ging er hin, verkaufte alles, was er besaß, und kaufte den Acker« (Mt 13,44). Es herrscht Freude über die Rückkehr der Verlorenen (Mt 18,13; bes. Lk 15,6 f.9.23 f.32). Die Mähler mit Sündern sind Freudenmähler (Lk 5,17 ff par; 7,34; 15,1 f; 19,10 f), aber werden den Schriftgelehrten und Pharisäern zum Skandal. Jesus selbst bricht in einen Jubelruf darüber aus, dass das Reich Gottes den Unmündigen und den kleinen Leuten offenbar wurde (Mt 11,25 f). Das Letzte Abendmahl endet mit einem eschatologischem Ausblick und einem Lobgesang, aber dies auf dem Weg in den Getsemani-Garten (Mt 26,29 f; Mk 14,25 f; Lk 22,18).

Die Stimmung der Freude über das Kommen und Auftreten Jesu schlug sehr schnell um. Schon nach seiner »Antrittspredigt« in Nazaret nahmen seine Hörer Anstoß, gerieten in Wut und wollten ihn vom Abhang am Rand der Stadt hinabstürzen (Lk 4,29). Der Galiläische Frühling dauerte nicht lange; schon früh zog sich Jesus die Feindschaft und den Hass der Schriftgelehrten und Pharisäer zu, die schon bald zusammen mit den Herodianern den Beschluss fassten, ihn zu töten (Mk 2,6 f; 3,6 u. a.). Sie waren sich nicht zu schade, mit den verhassten Herodianern und dann mit Pilatus, dem Vertreter der römischen Besatzungsmacht, zu kollaborieren. Judas schließlich lässt sich um schnöden Geldes willen auf einen Deal mit ihnen ein und verrät seinen Meister (Mt 26,14–16 par). Auf die wankelmütige Stimmung der Menge ist ohnehin kein Verlass; so wird aus dem »Hosianna« innerhalb nur weniger Tage das »Kreuzige ihn!« (Mk 15,13 par; Joh 19,15). Nichts Menschliches (im doppelten Sinn des Wortes) ist gemein genug, um mit Jesus Gottes kommendes Reich zum Scheitern bringen zu wollen. Auch die Jünger ergreifen aus Angst die Flucht, und Petrus muss durch einen krähenden Hahn daran erinnert werden, dass er seinen Herrn feige verleugnet hat (Mt 26,69–75 par).

Der Karfreitag war für die Jünger eine Katastrophe. Die Emmaus-Jünger bringen die Enttäuschung zum Ausdruck: »Wir aber hatten gehofft, dass er der sei, der Israel erlösen werde« (Lk 24,21). Anders die Frauen, die den Jüngern voll Furcht und Freude die Botschaft des Engels von der Auferstehung überbrachten (Mt 28,8). Doch die Jünger reagierten ungläubig und halten ihre Verkündigung für Weibergeschwätz (Lk 24,11). Erst die Begegnung mit dem auferstandenen Herrn verwandelt die Angst der Jünger in österliche Freude (Lk 24,41; Joh 20,20). Nach seiner Auffahrt kehren die Jünger voll Freude nach Jerusalem zurück (Lk 24,52). In seiner Pfingstpredigt zitiert Petrus Psalm 16,9: »Darum freut sich mein Herz und frohlockt meine Zunge« (Apg 2,26).

Von der Jerusalemer Urgemeinde wird berichtet, dass sie miteinander Mahl hielt in Freude (αγαλιασις) und Einfalt des Herzens (Apg 2,46). Die Urgemeinde knüpft damit an die jüdische Festtradition mit den Fest- und Passah-Mählern an. Die eschatologische Freude, die mit Jesu Kommen und mit seiner Auferstehung angebrochen ist, wird so zur ekklesialen Freude und zum maßgebenden Charakteristikum der jungen Kirche. Diese Freude hält sich durch auch in den schon bald einsetzenden Anfeindungen. Die Apostel freuten sich nach dem Verhör und der Auspeitschung durch den Hohen Rat, dass sie gewürdigt worden waren, für den Namen Jesu Schmach zu erleiden (Apg 5,41).

Paulus und Johannes haben die Botschaft von der Freude vor dem Hintergrund des Todes Jesu am Kreuz und seiner Auferweckung ausführlich reflektiert und meditiert.

Für Paulus ist das Christusereignis die Wende der Geschichte und das Evangelium von Jesus Christus, seinem Tod und seiner Auerweckung, der archimedische Punkt seiner theologischen Reflexion.[146] Die Auferweckung Jesu hebt die Welt aus den Angeln. Die Freude ist Zeichen und Frucht des durch Tod, Auferstehung und Geistsendung angebrochenen neuen Äons (Röm 14,17; vgl. Gal 5,22; 1 Thess 1,6). Paulus kann auch ganz allgemein von der Freude des Glaubens sprechen (Phil 1,25). Sie soll daher unser ganzes Leben durchdringen und umgestalten. Darum fordert der Apostel die Gemeinde in Thessaloniki auf: »Freut euch zu jeder Zeit!« (1 Thess 5,16). Im Philipperbrief klingt die Aufforderung zur Freude schon am Anfang des Briefes an (1,4), im Brief selbst wird sie gleich dreimal wiederholt: »Im Übrigen, meine Brüder und Schwestern, freut euch im Herrn!« (Phil 3,1). »Freut euch im Herrn zu jeder Zeit! Noch einmal sage ich: Freut euch!« (Phil 4,4). Der Grund der Freude: »Der Herr ist nahe« (Phil 4,5).

Paulus schreibt im Brief an die Philipper seinen Aufruf zur Freude, während er in Ephesus im Gefängnis sitzt. So ist sein Ruf zur Freude nicht irgendwie naiv oder wirklichkeitsfremd. Er ist auch nicht enthusiastisch, so als ob der neue Äon schon voll angebrochen wäre und wir sozusagen schon jetzt im Himmel lebten. Es ist eine Freude mitten in der Bedrängnis und mitten im Leiden. »Wir sind wie Sterbende und siehe, wir leben; wir werden gezüchtigt und doch nicht getötet; uns wird Leid zugefügt und doch sind wir jederzeit fröhlich; wir sind arm und machen doch viele reich; wir haben nichts und haben doch alles« (2 Kor 6,9 f).

Wir sollen fröhlich sein in der Hoffnung und geduldig in der Bedrängnis (Röm 12,12). Was kann uns noch anfechten? Die Leiden der gegenwärtigen Zeit bedeuten nichts im Vergleich zu der Herrlichkeit, die an uns offenbar werden wird (Röm 8,18). Was kann uns scheiden von der Liebe Gottes, die in Christus Jesus ist, unserem Herrn? (Röm 8,31–39).

Vom in Jesus Christus angebrochenen Eschaton her fällt Licht auf den Uranfang. Letztlich ist die Freude protologisch begründet. Denn »aus ihm, durch ihn und auf ihn hin ist die ganze Schöpfung« (Röm 11,36; vgl. 1 Kor 8,6; Kol 1,16 f). Von

Ewigkeit her darf sich jeder erwählt, berufen, geliebt wissen: Schon vor Erschaffung der Welt hat Gott uns erwählt und aus Liebe dazu bestimmt, seine Söhne (und Töchter) zu werden … Er hat uns aus Liebe im Voraus dazu bestimmt, seine Söhne (und Töchter) zu werden durch Jesus Christus und zu ihm zu gelangen nach seinem gnädigen Willen, zum Lob seiner herrlichen Gnade (Eph 1,4 f). Diese ewige Vorausbestimmung ist gleichsam die Nabelschnur, an der wir hängen, der unerschütterliche Boden, auf dem wir stehen und gehen, und die Leuchtspur durch die Geschichte. Die Freude mitten in den Bedrängnissen der Welt ist eschatologische Weltbewältigung und Zeichen der Freiheit des Christen.

Das Johannesevangelium beginnt, ebenso wie die synoptischen Evangelien und wie Paulus mit seinem »Jetzt aber«, mit einer Zeitansage: Das Wort Gottes, das selbst Gott ist, durch das alles geworden und das jedem Menschen leuchtet, das aber in der Finsternis leuchtet, ist jetzt Fleisch geworden und hat mitten unter uns gewohnt (Joh 1,1–5.14). »Aus seiner Fülle haben wir alle empfangen Gnade über Gnade« (Joh 1,16). Das öffentliche Auftreten Jesu beginnt nach der Darstellung des Johannes mit der Teilnahme an der Hochzeit zu Kana. Er beginnt sein Wirken mit der Festfreude einer Hochzeit und stellt sein ganzes Wirken unter das Zeichen messianischer Hochzeitsfreude (Joh 2,1–12).

Das Schwergewicht liegt im Johannesevangelium auf der präsentischen, der schon jetzt gegenwärtigen Eschatologie. Doch in den Abschiedsreden sagt Jesus seinen Jüngern: »Ihr werdet weinen und klagen, aber die Welt wird sich freuen; ihr werdet traurig sein, aber eure Trauer wird sich in Freude verwandeln … niemand nimmt euch eure Freude … damit eure Freude vollkommen ist« (16,20.22.24), »damit sie meine Freude in Fülle in sich haben« (Joh 17,13). Schon an Ostern freuten sich die Jünger, als sie den Herrn wiedersahen (20,20). Doch es wird ihnen vorausgesagt: »Der Sklave ist nicht größer als sein Herr. Wenn sie mich verfolgt haben, werden sie auch euch verfolgen; wenn sie an meinem Wort festgehalten haben, werden sie auch an eurem Wort festhalten« (15,20). In ihrer Trauer wie in ihrer Freude nehmen sie teil am Schicksal Jesu. So gehört die Spannung zwischen Angefochtensein und Freude, die Freude inmitten mannigfaltiger Anfechtungen zur Nachfolge Jesu und zur geschichtlichen Existenz des Christen.

Das letzte Buch der Bibel, die Offenbarung des Johannes, proklamiert inmitten der sich abzeichnenden großen Verfolgung schon jetzt den eschatologischen Sieg. Es will die bedrängten und verängstigten Christen zum Durchhalten ermuntern, ihnen Kraft und Hoffnung geben und sie schon in den Bedrängnissen der Gegenwart mit Freude und Jubel erfüllen. »Nun gehört die Königsherrschaft über die Welt unserem Herrn und seinem Christus; und sie werden herrschen in alle Ewigkeit« (Offb 11,15). »Jetzt ist er da, der rettende Sieg, die Macht und die Königsherrschaft unseres Gottes und die Vollmacht seines Gesalbten« (Offb 12,10). »Halleluja! Das Heil und die Herrlichkeit und die Macht ist bei unserm Gott … Denn König geworden ist der Herr, unser Gott, der Herrscher über die ganze Schöpfung. Wir wollen uns freuen und jubeln« (Offb 19,1.6 f).

Fassen wir die Botschaft der Bibel zusammen: Die Freude ist in der Bibel nicht nur ein flüchtiges Augenblickserlebnis. Nachdem mit dem Kommen Jesu Christi die Fülle der Zeit angebrochen ist, ist die prophetisch vorhergesagte Zeit der Freude angebrochen. Die Freude ist die Gewissheit, bereits jetzt in die Endzeit eingetreten zu sein; sie ist die frohe Hoffnungsgewissheit, in der schon begonnenen eschatologischen Zukunft zu leben. Sie ist Sieg über die Vergänglichkeit und Todverfallenheit der Zeit. Die irdische Zeit ist nicht ein Wartesaal, in dem man mehr oder weniger geduldig warten muss, bis die Tür zum ewigen Freudensaal aufgeht. Die Freude bricht mit dem Kommen Jesu Christi schon jetzt in die Welt herein. Wie das Licht der aufgehenden Sonne, so verwandelt das Licht Christi schon jetzt, bevor die Sonne voll am Horizont steht, die Welt.

Die Vergangenheit ist nicht mehr einfach das, was nicht mehr ist und was unwiederbringlich vorbei ist; die Zukunft nicht mehr das, was noch nicht ist und was ausständig und dunkel vor uns liegt. Das Evangelium fügt erinnerte Vergangenheit und Zukunft zu einer Art Gleichzeitigkeit zusammen und schenkt uns schon jetzt Teilnahme an der Ewigkeit Gottes, welche die volle Gleichzeitigkeit und damit Fülle des Seins ist. So hat die christliche Rede von Gott ihren konkreten Sitz im Leben. Die Rede von der christlichen Freude ist keine blutleere abstrakte Spekulation, sondern in der Erfahrung der Freude konkret geerdet; sie macht im eschatologischen Jubel die Herzen weit und hebt sie mitten in den Bedrängnissen der Zeit in einem *Sursum corda* zum Himmel empor.

Gott ist Freude

Die Theologie der Freude kommt zu ihrem Höhepunkt, wenn man wahrnimmt, dass Gott selbst Freude ist. In der systematischen Theologie ist dieses Thema nur wenig bedacht worden.[147] Deshalb ist es ungewohnt, Gott als Freude und Glückseligkeit zu denken. Eher denken wir Gott unter dem Bild der majestätischen Erhabenheit und Herrlichkeit (*kabod*, δοξα) oder als sich selbst verströmende Liebe und Güte, die sich in seiner grenzenlosen Barmherzigkeit offenbart. Selbstverständlich sind alle diese Aussagen im Blick auf die absolute Einfachheit Gottes keine Gegensätze. Die Herrlichkeit Gottes und seine Erhabenheit sind denkerisch letztlich darin begründet, dass Gott die absolute Fülle des Seins ist, in der kein Mangel und keine unbefriedigte Sehnsucht, kein Werden und kein Vergehen ist. Gott ist in sich ruhende, sich selbst bejahende Freude des Seins, der seine Freude darin findet, sich in überströmender Liebe in seinem ewigen Sohn und im Heiligen Geist selbst mitzuteilen

Gregor von Nyssa schreibt: »Denn was wir uns auch immer darunter vorstellen mögen, auf jeden Fall ist voll Seligkeit jenes reine Leben, das unendliche, unbegreifliche Gut, die unaussprechliche Schönheit, die lautere Anmut, Weisheit und Kraft, das wahrhaftige Licht, die Quelle alles Guten, die das Universum beherrschende Macht, das einzig Liebenswerte, das stets Unveränderliche, das immerfort in Wonne Strahlende, die ewige Freude, jenes Wesen, das wir nie nach Gebühr schildern können, auch wenn wir alles Herrliche von ihm aussagen, was wir nur immer ersinnen können.«[148]

Thomas von Aquin beschließt seine Gotteslehre mit einer eigenen Quaestio über die Glückseligkeit Gottes. Im Anschluss an 1 Tim 1,15, wo vom seligen Gott (μακαριος) die Rede ist, zeigt er, dass Gott Glückseligkeit nicht nur *hat* und sie nicht nur *schenkt*, sondern dass er selbst die Glückseligkeit *ist*.[149] Er ist das in sich vollkommene Sein selbst, dem nichts mangelt; im Selbstbesitz seiner selbst ist er alles. Er ist darum in sich selbst glückselig und genießt sich selbst. Er ist Licht ohne jede Finsternis, Herrlichkeit, Glanz und Schönheit. Schön ist, was gefällt und was entzückt.[150] So ist Gott reines Entzücken, reine Wonne, reine Seligkeit.

Richard von St. Viktor hat diesen Gedanken auf der Grundlage der Überlegungen des Augustinus trinitätstheologisch vertieft. Nach Augustinus ist der Heilige Geist die Gabe *(donum)* zwischen Vater und Sohn, aufgrund derer Gott im Heiligen Geist von Ewigkeit her schenkbar *(donabile)*.[151] Er ist in Gott die Möglichkeit des Außer-sich-Seins, gleichsam die *Ekstasis* in Gott. So bestimmt Richard den Heiligen Geist als Freude zwischen Vater und Sohn, er ist sozusagen in Person die Glückseligkeit und der Jubel in Gott.[152] Thomas hat diesen Gedanken aufgegriffen. Der Heilige Geist ist die Liebe und die Freude, das Entzücken in Gott und zugleich die froh und glücklich machende Liebes-Gabe Gottes an uns.[153] Die Barmherzigkeit Gottes besagt, dass Gott in seiner Glückseligkeit nicht sich selbst sucht, aus reiner Liebe und Gnade will er vielmehr uns glückselig machen. Es ist seine Freude, bei den Menschen zu sein (Spr 8,33). So ist Freude letztlich das Erfülltsein von Gottes Freude und seiner seligmachenden Liebe.[154]

Man fragt sich: Warum ist unser Reden von Gott meist so langweilig, so wenig begeistert? Offensichtlich müssen wir uns das Faszinosum, das Anziehende und Hinreißende von Gottes Herrlichkeit, den Glanz, das Wundervolle und Entzückende seiner Schönheit neu bewusst machen und lernen, sie in Liedern und Hymnen zur Sprache zu bringen. Dabei wird uns freilich zugleich bewusst werden, dass der Glanz, der uns anzieht, uns hinreißt und begeistert, unsere schwachen Augen blendet, sodass uns die Erhabenheit, das Über-alles-Hinaus, das Überschwängliche, kurz: die absolute Transzendenz und damit auch das Dunkel und das undurchdringliche überhelle Geheimnis Gottes bewusst wird.[155]

Um beides zu verstehen und in ansprechender Weise zur Sprache bringen zu können, müssen wir von der Bildsprache in den grandiosen Visionen der heiligen Hildegard von Bingen[156] lernen und nochmals bei der zarten mystischen Dichtung der Frauenmystik des späten Mittelalters[157] in die Schule gehen. Gerade in einer so dürren Zeit des Glaubens wie der unsrigen sollten wir solche Texte in die Hand nehmen, uns von ihnen ansprechen lassen und die Sprache des Glaubens neu lernen. Sie können uns helfen, besser zu sagen und zu verkünden, »was kein Auge gesehen und kein Ohr gehört hat, was in keines Menschen Herz gedrungen ist, was Gott denen bereitet hat, die ihn lieben« (1 Kor 2,9).

Teilhabe an Gottes Seligkeit – Fülle christlicher Freiheit

Die Theologie in Ost und West, im Osten vor allem Origenes, im Westen Augustinus, hat viel über die Glückseligkeit (*beatitudo)* nachgedacht; Thomas von Aquin hat eine großartige Synthese entworfen.[158] Die Strukturformel seiner Theologie lautet: Von Gott geht alle Wirklichkeit aus und zu ihm kehrt alles zurück.[159] Diese Formel ist auch maßgebend für die Sicht des Menschen. Er ist von Gott nach seinem Bild geschaffen und soll in Gott seine *beatitudo*, die Glückseligkeit, finden. Allein Gott kann alle Sehnsucht und allen Durst des menschlichen Herzens stillen (Ps 102,5).[160]

Doch die Rückkehr zu Gott und das Glück in Gott kann der Mensch als endliches Wesen nicht aus eigener Kraft leisten. Die endgültige und volle Glückseligkeit ist nur möglich, wenn Gott dem Menschen entgegenkommt. Das ist in der Menschwerdung Gottes in Jesus Christus geschehen. Thomas zitiert ein Axiom, das sich in der Theologie der Kirchenväter oft findet: Gott ist Mensch geworden, damit wir Menschen göttlich werden.[161] Gottes Macht hat sich mit Schwachheit bekleidet, seine Majestät mit Demut, damit so Jesus Christus zum Mittler zwischen Gott und uns werden konnte.[162] Er ist der Weg von Gott her, der uns auch zu Gott zurückführt.[163] Der Gottmensch Jesus Christus ist als Gott das Ziel, als Mensch für uns der Weg.[164] Mit der Präfation von Weihnachten sagt Thomas: Indem wir Gott in Jesus Christus sichtbar erkennen, können wir von der Liebe zum Unsichtbaren entflammt werden.[165]

Um diesen Weg der Nachfolge Jesu und der Gleichgestaltung mit ihm gehen zu können, wurde nach der Himmelfahrt Jesu der Geist Jesu, der Heilige Geist, über uns und in uns ausgegossen.[166] Aufgrund der Taufe und der Firmung wohnt er in uns, um uns die schon beim Propheten Jesaja verheißenen Gaben mitzuteilen (Jes 11,2; Röm 12,6–8; 1 Kor 12,8–10.28–31; Eph 4.7. 11 f; 1 Petr 4,9–11).[167] Das ist das Fundament, auf dem das ganze christliche Leben aufbaut und aus dem wir Leben und Freude schöpfen.

Für Thomas ist die Mitteilung des Geistes die Zusammenfassung, ja das Ganze des Evangeliums. In einigen Quaestiones der Theologischen Summe, zu denen es in dieser Form in der übrigen Scholastik keine Parallele gibt, die für Thomas also charakteristisch sind, handelt er über das neue Gesetz, das ist das Gesetz des Evangeliums. Er legt dar, dass das Evangelium keine Sammlung von Doktrinen und kein Kodex von Normen ist, sondern die Gabe des Heiligen Geistes, die uns im Glauben geschenkt wird.[168] Das Evangelium als die Gabe des Heiligen Geistes ist für Thomas ein Evangelium der Freiheit.[169] Die Gebote haben die Aufgabe, uns zu dieser Gabe hinzuführen und die Konsequenzen, die aus ihr folgen, aufzuzeigen. Zusammen mit der Liebe und dem Frieden ist die Freude eine Frucht des Heiligen Geistes (Gal 5,22). In der Freude macht der Geist Gottes unser Herz weit; er schenkt die Weitung des Herzens (*dilatatio cordis*). In ihm erschafft uns Gott Raum, wenn es uns in der Angst eng ums Herz wird (Ps 4,2); er führt uns hinaus ins Weite (Ps 18,20). Das Herz, das voll Freude ist, kann nicht an sich halten; es ist voll überströmender Freude, die sich im Jauchzen und Frohlocken (*exultatio*) mitteilt und die uns im Alltag Frohsinn und Heiterkeit des Gemüts (*iucunditas*) schenkt.[170] Die Freude im Heiligen Geist ist das *Exsultet* der Seele.

Wie bei der Sinnenfreude so hat auch die Freude an Gott einen reflexiven Charakter.[171] Sie ist Reflex, freudig gegebene Antwort auf das Geschenk der Erfüllung unserer tiefsten Sehnsucht durch Gott. Wir sollen Gott um seiner selbst willen aus ganzem Herzen lieben und ihn nicht als Erfüllung und Befriedigung unseres menschlichen Glücksverlangens suchen und damit Gott zum Erfüllungsgehilfen unseres Verlangens nach emotionaler Befriedigung machen. In der Freude bejahen wir vielmehr, dass Gott uns zuvorgekommen ist und uns im Heiligen Geist seine Gemeinschaft geschenkt hat. Der Heilige Geist, der uns zur Erfüllung unserer Sehnsucht geschenkt wird, macht uns nicht zu passiven Empfängern, er macht uns aktiv; er regt unsere Freiheit an und bewegt sie, damit sie sich selbst bewegen kann und im Jubel der Freude der Gemeinschaft mit Gott zustimmen kann. Diese Zustimmung in der Freude bedeutet, dass Gott und Mensch sich gegenseitig lieben. Aus der Gemeinschaft mit Gott wird so die Freundschaft von Gott und Mensch und in dieser Freude nehmen wir als Freunde Gottes an Gottes Seligkeit teil.[172] Die Freude über die Gemeinschaft mit Gott ist so die gnadenhaft geschenkte Erfüllung unserer Freiheit. Sie ist Befreiung von aller Enge der Angst, und im Jubel ist sie das Weitwerden unseres Herzens über all unser Vorstellen, Denken und Sehnen hinaus.

In diesem Leben sind wir freilich noch Pilger, die fern vom Herrn wandeln (2 Kor 5,6). Doch im Heiligen Geist haben wir bereits jetzt Angeld (2 Kor 1,22; Eph 1,14), sozusagen einen Vorschuss der vollen Teilnahme an der Seligkeit Gottes.[173] Deshalb und vor allem weil sich die Sünde wie eine steile Wand zwischen uns und Gott stellt, wird es im Leben des Christen oft zur christlichen Freude eine Beimischung von Trauer geben. Wir sind auf Hoffnung hin erlöst (Röm 8,24). Noch werden wir mit Gott gleichsam wie mit einem Unbekannten verbunden.[174] »Jetzt schauen wir in einen Spiegel und sehen nur rätselhafte Umrisse, dann aber schauen wir von Angesicht zu Angesicht« (1 Kor 13,12) und werden Gott »sehen, wie er ist« (1 Joh 3,2). Dann werden alle Tränen von unseren Augen abgewischt sein. »Der Tod wird nicht mehr sein, keine Trauer, keine Klage, keine Mühsal« (Offb 21,4).

In dieser Welt kann unsere Freude nicht ungetrübt sein. In diesem Leben gehören Freude und Hoffnung unlösbar zusammen.[175] Sie sind gleichsam miteinander verschwistert. Doch in der Hoffnung dürfen wir fröhlich sein (Röm 12,12) und in Liebe, Friede und Freude leben (Gal 5,22). Darum sollen wir nicht müde werden, »solange wir Zeit haben, allen Menschen Gutes zu tun, besonders aber den Glaubensgenossen« (Gal 6,9 f).

»Jesus, meine Freude«

Die Aussagen des Thomas über die Freude klingen auf den ersten Blick reichlich theoretisch und abstrakt. Es wäre aber falsch, Thomas als reinen Theoretiker und Intellektualisten abzutun. Seine persönliche und spirituelle Seite kommt in dem reichen Schatz an Hymnen und Gebeten zum Ausdruck, die er uns hinterlassen hat. Seine Spiritualität der Gottesfreundschaft ist zutiefst mystisch.[176] Nicht umsonst sind aus der Schule des Thomas bedeutende Mystiker wie Meister Eckhart, Heinrich Seuse und Johannes Tauler sowie die Dominikanermystikerinnen wie Katharina von Siena und andere hervorgegangen.[177] Tauler wiederum hatte beträchtlichen Einfluss auf den jungen Martin Luther.[178] Auch in der Karmel-Frömmigkeit des Johannes von Kreuz, der mich während meiner Seminarzeit im ehemaligen Karmel-Kloster in Rottenburg begleitete, ist Thomas und seine Begrifflichkeit voll präsent. Klarheit des Denkens und Mystik müssen sich nicht widersprechen, wirre Gedanken und Mystik aber sehr wohl.

Neben der thomistischen Linie findet sich auch eine mehr affektive spirituelle Traditionslinie, die, ohne das Denken zu vernachlässigen, mehr das Herz sprechen ließ. Sie wurde im lateinischen Westen von Augustinus grundgelegt und kam im frühen Mittelalter bei Bernhard von Clairvaux zum Tragen. Wie kein anderer hat er sein Jahrhundert geprägt und eine mehr subjektive Mystik begründet. Sie war ganz auf die Person Jesu, besonders auf sein Leiden und Sterben am Kreuz, bezogen. Man denke nur an das Bernhard zugeschriebene Lied *Jesu dulcis memoria*:

O lieber Jesu, denk ich dein,
strömt Glück in meine Seele ein;
doch meine höchste Freude ist,
wenn du, o Jesu, bei mir bist.
(GL 368)

Diese affektive christozentrische Tradition kommt vor allem bei Franz von Assisi zum Zug. Seine Spiritualität war ganz auf den Mensch gewordenen armen, demütigen Jesus konzentriert.[179] Dem armen und demütigen Jesus wollte er in äußerster Armut und in Demut nachfolgen. Diese christuszentrierte Spiritualität zeigt sich auch in seiner Verehrung für die Menschwerdung des Wortes Gottes. Er hat 1223 im nahe bei Assisi gelegenen Greccio als Erster anstelle einer Predigt die Weihnachtsgeschichte sinnenfällig dargestellt und die Tradition der Weihnachtskrippen begründet, die in der Weihnachtszeit bis auf den heutigen Tag unzählige Kinder wie Erwachsene anziehen.

Ebenso galt seine Liebe dem gekreuzigten Jesus und seiner Gegenwart in der Eucharistie. Die Stigmata, die er auf dem Berg Averna (heute Laverna) empfing, sind eine Besiegelung dieser Passionsspiritualität. So hat die Spiritualität der Armut, der Demut und der Freude, auch der Freude in Erfahrungen des Leidens, sein gesamtes Leben bestimmt. Die Freude in der Armut und im Leiden war bei ihm der Sieg der Gnade über alles Weltliche und die evangelische Umwertung der natürlichen Werte.[180] Entsprechend wollte er in der ersten, nicht bestätigten Regel festlegen, die Brüder sollten sich hüten, in ihrem äußeren Gehabe sich traurig wie düstere Heuchler zu zeigen; sie sollen sich als Menschen erweisen, die sich im Herrn freuen, heiter und liebenswürdig, wie es sich geziemt.[181]

Franziskus, den man schon als die Christus-Ikone des Mittelalters bezeichnete, hat eine große christozentrisch ausgerichtete Tradition franziskanischer Theologie inspiriert. Sie ist durch Namen wie Bonaventura und Duns Scotus charakterisiert. Bonaventura schreibt in seinem *Itinerarium mentis ad Deum* (Pilgerbuch der Seele zu Gott): Wir könnten uns nicht zur Schau der ewigen Wahrheit in sich selbst erheben, wenn diese nicht in Christus menschliche Gestalt angenommen und sich uns zur Leiter gemacht hätte. Er schließt dieses sein Pilgerbuch mit der Aufforderung: »Gehen wir mit Christus dem Gekreuzigten aus dieser Welt zum Vater, damit wir, wenn uns der Vater gezeigt worden ist, mit Philippus sprechen: ›Es genügt uns‹.«[182] Nach Duns Scotus, den man den *doctor subtilis* genannt hat, ist unter Berufung auf Kol 1,15–20 schon die Schöpfung und das ganze Heilsgeheimnis von Ewigkeit her auf Jesus Christus ausgerichtet und in ihm offenbar geworden.[183] Jesus Christus ist die Freude des Christen.

Viele Christuslieder besingen die Freude an Jesus Christus. Nur einige sollen genannt werden: »Wie schön leucht uns der Morgenstern« (GL 357), »Mein schönste Zier und Kleinod bist auf Erden du, Herr Jesus Christ« (GL 361), »Schönster Herr Jesu« (GL 364), das schon genannte »O lieber Jesu, denk ich dein, strömt Glück in meine Seele ein« (GL 368), »Morgenstern der finstern Nacht, der die Welt voll Freuden macht« (GL 372), »O Jesu, all mein Leben bist du« (GL 377). Weltberühmt ist die Motette von Johann Sebastian Bach »Jesu, meine Freude« (1723–35):

Jesu, meine Freude,
Meines Herzens Weide,
Jesu, meine Zier,
Ach wie lang, ach lange
Ist dem Herzen bange
Und verlangt nach dir!
Gottes Lamm,
mein Bräutigam,
Außer dir soll mir auf Erden
Nichts sonst Liebers werden.

Weicht, ihr Trauergeister!
Denn mein Freudenmeister,
Jesus, tritt herein.
Denen, die Gott lieben,
Muss auch ihr Betrüben
Lauter Zucker sein.

Duld ich schon
hier Spott und Hohn,
Dennoch bleibst du auch im Leide,
Jesu, meine Freude.

Wenn man diese große theologische und geistliche Tradition bedenkt, die sich nicht nur in der hohen Theologie und in der offiziellen Liturgie, sondern in vielen Liedern findet, die zu unserem Kulturerbe gehören und die die Gläubigen in den Gemeinden besonders in der Weihnachts- und in der Osterzeit gerne und mit Freude singen, dann kann man fragen: Wer mag da noch sagen, Christentum und Christsein sei eine traurige Sache? Ebenso muss man dann freilich auch fragen: Was ist mit der Christenheit los, wenn sie auf Außenstehende oft einen solch traurigen Eindruck erweckt?

Quelle der Freude am Tisch des Wortes Gottes und am Tisch der Eucharistie

Bei manchem Ärger, Konflikten und Skandalen in der Kirche fragen viele: Woher die Freude nehmen? Die Antwort ergibt sich im Grunde aus allem Gesagten. Der Grund der christlichen Freude ist nicht die Kirche.[184] Grund der Freude ist Gott, wie er sich in Jesus Christus zu unserem Heil geoffenbart hat. Jesus Christus ist bleibend gegenwärtig in seinem Wort und in seinen Sakramenten, besonders in der Feier der Eucharistie. Das Zweite Vatikanische Konzil sprach darum von dem zweifachen Tisch, von dem wir uns im Glauben nähren und stärken können, dem Tisch des Wortes Gottes und dem Tisch des Leibes Christi.[185]

Die Freude am Wort Gottes ist im Alten Testament ein großes Thema. Der alttestamentliche Fromme ist froh und dankbar, das Wort Gottes und das Gesetz Gottes zu haben. »Selig der Mann, der … sein Gefallen hat an der Weisung des HERRN, bei Tag und bei Nacht über seine Weisung nachsinnt« (Ps 1,1 f; vgl. 40,9; 112,1). Vor allem der lange Psalm 119 ist voll von dieser Freude. Er sagt: Die Weisung des Herrn gibt Hoffnung und Trost, spendet Erleuchtung, Vertrauen, Freude und Leben. Das Gesetz ist keine dem Menschen aufgebürdete Last, sondern eine Freude; es gibt im Dunkel und Halbdunkel der Welt Orientierung und ist Wegweiser zum Glück des Lebens. Die Freude an der Weisheit ist der Weg zum unbeschwerten, guten, erfüllten und glücklichen Leben (Spr 3,17; 8,30; 10,3; Weish 8,18). Jesus zitiert das Alte Testament: »Der Mensch lebt nicht vom Brot allein, sondern von jedem Wort, das aus Gottes Mund kommt« (Dtn 8,3; Mt 4,4 par).

Im Neuen Testament erfüllt die Verkündigung des Evangeliums oder, wie es auch heißt, die Verkündigung des Wortes (Mk 2,2; 4,33) die Menschen mit Staunen und mit Freude (Mt 7,28; Mk 1,22; Lk 4,32 u. a.). Nach dem vierten Evangelium ist Jesus das Wort Gottes in Person (Joh 1). Seine Worte sind Geist und Leben (Joh 6,64); er hat Worte des ewigen Lebens (Joh 6,68). Paulus dankt, dass seine Hörer sein Wort nicht als Menschenwort, sondern als Wort Gottes aufgenommen haben (1 Thess 2,13). Er spricht vom Wort der Versöhnung (2 Kor 5,19) und vom Wort des Lebens (Phil 2,16). Es ist nicht nur Wort von und über Jesus Christus, sondern Wort Jesu Christi selbst. Jesus Christus ist als der erhöhte Herr durch seinen Geist im Wort des Apostels wirksam gegenwärtig. Deshalb kann Paulus geradezu von einem Siegeszug des Evangeliums sprechen (2 Kor 2,14–17).

Weil im verkündeten Wort der Heiligen Schrift Christus selbst gegenwärtig ist, gebührt der Heiligen Schrift in der Liturgie der Kirche seit alters her dieselbe Ehrenbezeugung durch Lichter und Weihrauch, die auch dem unter den Gestalten von Brot und Wein gegenwärtigen Herrn gilt. Die einseitige Betonung des Wortes Gottes in manchen Formen der evangelischen Kirche und Theologie hat oft zu der unglückseligen Entgegensetzung der evangelischen Kirche als Kirche des Wortes und der katholischen Kirche als Kirche der Sakramente geführt. Das Zweite Vatikanische Konzil hat hier wieder das rechte Gleichgewicht hergestellt. Es hat nicht nur auf der Grundlage der liturgischen Bewegung eine Erneuerung der Liturgie, sondern auf der Grundlage der Bibelbewegung, vor allem der Vätertheologie (besonders Origenes im Osten und Augustinus im Westen), angeregt auch durch die Worttheologie Martin Luthers, eine Erneuerung des Verständnisses des Wortes Gottes und eine biblische Erneuerung des Lebens der Kirche eingeleitet.

Die Konstitution *Dei Verbum* des Zweiten Vatikanischen Konzils beginnt mit den Worten »Das Wort Gottes voll Ehrfurcht hörend und voll Zuversicht verkündend«. Damit hat das Konzil die beiden Grundfesten der Kirche, den Daseinsgrund ihrer Existenz, in Erinnerung gerufen. Die Kirche muss Hörerin des Wortes sein, sich vom Wort Gottes immer wieder neu wie von einem Blitz- und Donnerschlag treffen lassen, und sie muss Botin des Wortes Gottes sein, sich auf den Weg machen, um das gehörte Wort furchtlos zu bezeugen.

Mit dieser Konstitution hat die Kirche die Tür des Wortes, wie es uns vor allem in der Heiligen Schrift begegnet, weit geöffnet. Es hat das Wort Gottes in der Heiligen Schrift als höchste Richtschnur der Verkündigung und der Praxis der Kirche und gleichsam als Seele der Theologie bezeichnet.[186] Die Erneuerung der biblisch geprägten Wort-Gottes-Theologie und Wort-Gottes-Spiritualität war neben der Liturgischen Erneuerung die wichtigste und die auf lange Sicht fruchtbarste Erneuerung, welche das Konzil der Kirche gebracht hat. Sie hat schon jetzt die Verkündigung, die Spiritualität, den Stil und den Ton des kirchlichen Sprechens und Lebens tiefgreifend verändert, sie biblischer, froher, barmherziger und auch lebensnäher gemacht. Sie hat eine breite Plattform geschaffen für den ökumenischen Dialog, der im Grunde nichts anderes sein kann als ein Austausch und eine gegenseitige Bereicherung in dem, was wir im Hören auf das Wort Gottes empfangen haben.[187]

Das Wort Gottes ist analog wie Jesus Christus, der unvermischt und ungetrennt wahrer Gott und wahrer Mensch ist, ebenfalls ganz Gottes Wort und ganz menschliches Wort. Das Wort Gottes bedient sich menschlicher Sprache und der unterschiedlichen menschlichen Sprech- und Aussageweisen (die sogenannten literarischen Gattungen). Es muss darum unter Beachtung der Ausdrucks- und Sprechweisen der jeweiligen Zeit ausgelegt und gefragt werden, was der biblische Schriftsteller damals in den Worten und Vorstellungen seiner Zeit zu unserem Heil aussagen wollte und was das heute für uns bedeutet.[188] Die historisch-kritischen Methoden haben darum ihr Recht; wir verdanken ihnen viele neue und tiefe Einsichten in das Wort Gottes, auf die wir nicht verzichten können und auch nicht verzichten wollen. Wir müssen im Menschenwort von damals das Wort Gottes hören, das bleibt und immer dasselbe ist. Es bedarf, zur historischen Auslegung hinzukommend, auch der theologischen Auslegung.[189]

Was die biblischen Schriftsteller uns in ihrer Sprach- und Denkform hinterlassen haben, sollen wir so verstehen, wie es die Bibel selbst tut und vorschlägt, nämlich als Mahnung oder als Ermutigung für uns heute (1 Kor 10,1–13; Hebr 3,7–19). Die Bibel ist kein historisches oder naturkundliches Lehrbuch, sondern Wort Gottes an uns heute und zu unserem Heil geschrieben. Davon sollen wir uns heute betreffen, anrühren, ermutigen, trösten, aber auch uns aufrühren, zur Umkehr rufen und zum Handeln aufrufen lassen. Wir dürfen aus der Frohbotschaft keine Drohbotschaft machen; aber wir können ebenso wenig schönfärberisch die Gerichtsmotive ausklammern, die sich im Alten wie im Neuen Testament finden. Der Psalm 95, den der Hebräerbrief ausführlich zitiert, sagt: »Würdet ihr doch heute auf seine Stimme hören! Verhärtet euer Herz nicht wie in Meriba, wie in der Wüste am Tag von Massa!« (Ps 95,7 f; Hebr 3,7–19; 4,1–11). »Lebendig ist das Wort Gottes, wirksam und schärfer als jedes zweischneidige Schwert; es dringt durch bis zur Scheidung von Seele und Geist, von Gelenken und Mark; es richtet über die Regungen und Gedanken des Herzens; vor ihm bleibt kein Geschöpf verborgen, sondern alles liegt nackt und bloß vor den Augen dessen, dem wir Rechenschaft schulden« (Hebr 4,12 f).

Freude am Wort Gottes entsteht immer dann, wenn man sich durch das Wort Gottes persönlich treffen lässt. Es kann uns dann wie Schuppen von den Augen fallen und uns eine befreiend neue Sicht auf das Leben und die Welt, vor allem aber auf Gott und Jesus Christus eröffnet werden. Das kann geschehen, indem uns das Wort Gottes trifft wie ein Donnerschlag, uns aufweckt und zum Umdenken und zur Umkehr ruft oder indem es wie Balsam auf unsere Seele trifft, uns ermutigt, tröstet und befreit und unser Herz mit Freude und Dankbarkeit erfüllt. Dazu hat uns das Zweite Vatikanische Konzil die geistliche, das heißt betende Lektüre der Heiligen Schrift empfohlen.[190] Die Heilige Schrift ist ja »geronnener Dialog« Gottes mit seinem Volk. Wenn wir sie besinnlich betend lesen, kann das »in jener Zeit« gesprochene Wort heute zu uns persönlich sprechendes Wort werden; wir sind dann eingeladen, darauf betend zu antworten. Diese geistliche Lektüre (*Lectio divina*) kannte das Alten Testament; sie wurde von den Kirchenvätern und in der Mönchstradition noch im Mittelalter praktiziert. Sie ist auch heute der beste Weg, um in fruchtbarer Weise mit dem Wort Gottes umzugehen und daran Freude zu haben, Orientierung zu finden und Nahrung für das Leben als Christen in der Welt.

Zum Tisch des Wortes kommt der Tisch des Leibes Christi hinzu, von dem wir uns nähren und stärken können. [191] Die Eucharistie kommt nicht äußerlich zum Wort des Evangeliums hinzu; das Wort des Evangeliums nimmt im Sakrament vielmehr sichtbare Gestalt an. Bei jedem Sakrament werden die äußeren Zeichen durch die Hinzukunft des Wortes zu sakramentalen Zeichen *(accedit verbum ad elementum et fit sacramentum)*.[192] Das Wort ist Seele des Sakraments *(forma sacramenti)* das Sakrament ist Gestalt gewordenes Wort. So stehen im Zentrum der Eucharistie die *verba testamenti,* die Worte, die Jesus uns am Abend vor seinem Leiden und Sterben als sein Testament mitgegeben und aufgetragen hat:

»Das ist mein Leib«; »das ist mein Blut.« »Tut dies zu meinem Gedächtnis« (Mt 26,20–29 par).

Diese Worte, bei der Feier der Eucharistie gesprochen, zeigen: Es ist nicht der zelebrierende Priester, der hier spricht; es ist der erhöhte Herr selbst, der durch den Mund des Priesters spricht. Wirksam sind die Worte, die wir gewöhnlich als Wandlungsworte bezeichnen, in der Kraft des Wirkens des Geistes Gottes, den wir in der Epiklese über die Gaben von Brot und Wein herabrufen. Durch das Wirken des Heiligen Geistes ist der erhöhte Herr bei der Feier der Eucharistie selbst der Priester und zugleich die Gabe, in der er sich uns unter den Zeichen von Brot und Wein als Brot des neuen ewigen Lebens schenkt (Joh 6,48–59). So findet in der Feier der Eucharistie die Botschaft des Evangeliums von der Menschwerdung Gottes, von Tod und Auferstehung ihre sakramentale Verdichtung und Vergegenwärtigung. Sie kommt in der Eucharistie nicht nur mit Worten, sondern in den Gaben von Brot und Wein, in Gesten der Hingabe, im Essen und Trinken als Zeichen der inneren Vereinigung mit Jesus Christus zum Ausdruck. Die Liturgie ist »Ausdruck und Offenbarung des Mysteriums Christi und des eigentlichen Wesens der wahren Kirche«.[193] Als solche ist sie, insbesondere die Feier der Eucharistie, der Höhepunkt und Quelle des ganzen christlichen Lebens und des Lebens der Kirche.[194]

Als sakramentale Vergegenwärtigung der Frohen Botschaft ist die Feier der Eucharistie ein Freudenfest. So wie der auferstandene Herr seinen Jüngern bei Mahlfeiern erschienen ist und den Jüngern bei diesen Erscheinungen die Augen aufgingen und sie sich freuten (Mt 28,8; Lk 24,31.41; Joh 20,20), so kommt der Herr bei jeder Eucharistie in sakramentaler Weise in unsere Mitte. Ähnlich wie Thomas dürfen wir ihn berühren und wie er sollen wir anbetend vor ihm niederfallen (Joh 20,19–23). Schon die Jerusalemer Urgemeinde hat das gemeinsame Brotbrechen unter Jubel (αγαλλιασις) begangen (Apg 2,46). Schon früh griff die Kirche für die eucharistische Feier, ähnlich wie schon Jesus beim Letzten Abendmahl, Formen der jüdischen Passah- und Festfeier auf.

Die Kirche verstand und versteht die Eucharistie als sakramental vergegenwärtigende Erinnerung (αναμνησις, *memoria*) der im Evangelium verkündeten Heilstaten Gottes, besonders von Kreuz und Auferstehung Christi. In diesem Zusammenhang kann man die Rede vom Opfercharakter der Messe und vom Messopfer im Sinn der Vergegenwärtigung des einen und einzigen Opfers Christi am Kreuz besser und tiefer verstehen. Zugleich feiern wir die Eucharistie als sakramentale Vorausfeier und vergegenwärtigende Vorwegnahme (*anticipatio*) der eschatologischen Mahlfeier im Reiche Gottes.[195] Sie ist Freudenfeier und Freudenfest, in dem wir zusammen mit allen Engeln und Heiligen die himmlische Liturgie schon jetzt mitfeiern (Hebr 12,22–24). Die Jubelgesänge der himmlischen Liturgie, von denen die Offenbarung des Johannes spricht, finden in der Liturgie der Kirche ein Echo (Offb 4; 5; 19).

So geht in jeder Liturgie der oft so verhangen scheinende Himmel ein Stück weit auf; es wird gleichsam der Vorhang in die himmlische Welt ein Stück weit aufgezogen und über der Welt der Himmel offengehalten. Sosehr die Eucharistie die Gestalt eines Mahls hat, ist sie Anbetung, aber als solche ist sie, wie schon das Letzte Mahl Jesu (Mt 26,29 par), die jubelnde Vorausfeier des himmlischen Hochzeitsmahls im neuen Himmel und der neuen Erde (Offb 19,7.9; 21,2.9; 22,17), in der Formen der Anbetung einen grundlegenden und unverzichtbaren Platz haben. Letztlich ist mit den eucharistischen Gaben von Brot und Wein die ganze Schöpfung in den eucharistischen Lobpreis Gottes einbezogen. Die Liturgie ist so immer auch kosmische Liturgie.[196]

In ihrer Hochform wird die Liturgie nicht gesprochen, sondern gesungen. Das eucharistische Hochgebet leiten wir ein mit dem Ruf *Gratias agamus domino Deo nostro,* »Lasst uns danken dem Herrn, unserem Gott.« Dann stimmen wir im *Sanctus* ein in das Dreimal-Heilig der himmlischen Chöre (Jes 6,3; Offb 4,8). An Sonn- und Festtagen singen wir mit dem Lobpreis der Engel an Weihnachten das *Gloria in excelsis Deo:* »Ehre sei Gott in der Höhe« (Lk 2,14). »Wir rühmen dich und danken dir, denn groß ist deine Herrlichkeit.« Im (leider meist stiefmütterlich behandelten) *Agnus Dei* stimmen wir ein in die himmlische Liturgie vor dem Lamm, das geschlachtet wurde (Offb 5,6–14; 14,1–5), das wir anflehen um Erlösung von der Sündenlast der Welt und das wir inständig bitten um Frieden in der Welt und im eigenen Herzen.

In der liturgischen Feier wird dieses Geschehen durch begleitende Gebete und Gesang, durch Musik und mit Hilfe aller Künste, welche uns Menschen zur Verfügung stehen, ausgedeutet und ausgeschmückt. Bei der Ausgestaltung der Liturgie sind vor allem Musik und Gesang von Bedeutung.[197] Da jede Eucharistiefeier Osterliturgie ist, ist dabei zuerst an die Ausgestaltung des Alleluja im Jubilus des Gregorianischen Chorals zu denken, außerdem an die österlichen Kirchenlieder. Das Halleluja aus Händels »Messias«, das an

Ostern in vielen Gemeinden zum Klingen kommt, ist geradezu eine Explosion dieses Jubels, der jeden innerlich mitreißt. Bedeutsam sind die eucharistischen Hymnen des Thomas von Aquin, besonders das *Pange lingua*, »Preise, Zunge, das Geheimnis« (GL 493).[198] Eines der eucharistischen Preislieder geht auf Martin Luther zurück: »Gott sei gelobet und gebenedeiet, der uns selber hat gespeiset« (GL 215). Wir können dieses Lied ökumenisch gemeinsam singen; man kann dies nicht tun, ohne die Hoffnung zu hegen, dass wir bald auch gemeinsam am einen Tisch des Herrn das Brot des Lebens empfangen können.[199]

Das alles ist uns durch die liturgische Erneuerung, die das Konzil als einen Durchgang des Heiligen Geistes durch die Kirche bezeichnet hat[200], neu erschlossen und geschenkt worden. Die liturgische Erneuerung ist die sichtbarste Frucht der konziliaren Erneuerung. Sie hat das Gesicht der Kirche bis hinein in die letzte Gemeinde und bis in die Gestaltung des Kirchenbaus und der Kirchenräume geprägt. Sie wäre missverstanden, würden wir sie nur als eine Ritenreform begreifen, statt sie als Ausdruck eines tieferen Verständnisses des Mysteriums Christi und des Wesens der Kirche zu verstehen.

Die liturgische Erneuerung ruht theologisch auf zwei Pfeilern: Einerseits der erneuerten Communio-Ekklesiologie, auf deren Hintergrund die *actuosa participatio*, die volle, bewusste und tätige Teilnahme aller Gläubigen an der liturgische Feier, erst in ihrer Tiefe verständlich wird.[201] In ihr geht es nicht nur um das äußere Mittun, sondern ebenso sehr und noch mehr um den inneren Mitvollzug, bei dem Herz und Stimme zusammenklingen und mit der himmlischen Gnade mitwirken.[202] Die Tradition hat von der geistigen Kommunion gesprochen. Sie ist nicht eine Ersatz- oder Alternativform zur leiblichen Kommunion, sondern die innere Bereitung, der innere Mitvollzug und die innere Mitfeier, durch welche die leibliche Kommunion erst zu einer würdigen und fruchtbaren Kommunion wird und ohne die sie nicht zum Heil, sondern zum Gericht wird (1 Kor 11,26–29). Während der Gebrauch der Muttersprache die äußere Bedingung der aktiven Teilnahme ist, ist die geistige Kommunion die innere Voraussetzung. Leider ist dieser traditionsreiche, pastoral grundlegende Begriff weithin in Vergessenheit geraten; er wird weder in der Liturgiekonstitution noch in den anderen Dokumenten des Konzils erwähnt und bedürfte dringend der theologischen wie der pastoralen Erneuerung.[203]

Die Zelebration *versus populum* wird meist ebenfalls vom Gemeinschaftscharakter her begründet und verstanden. Tiefer verstanden ist sie kein Gegensatz zur *celebratio versus Dominum,* sondern ebenfalls *celebratio versus Dominum*; sie bringt zum Ausdruck, dass Christus inmitten des versammelten Volkes Gottes gegenwärtig ist und dass die Feier der Eucharistie, mit Augustinus gesprochen, eine Feier des *Christus totus* ist, das heißt eine Feier des ganzen Christus als Haupt zusammen mit den Gliedern seines mystischen Leibes, der die Kirche ist.[204] Statt in dieser Frage einen unnötigen Streit vom Zaun zu brechen und von einer Reform der Reform zu sprechen, wäre es besser, von der notwendigen geistlichen Vertiefung der Reform zu sprechen.

Eine solche notwendige Vertiefung betrifft vor allem den zweiten Pfeiler, auf dem die liturgische Erneuerung aufgebaut ist. Im Grunde ist er sogar der erste Pfeiler. Denn die Liturgiekonstitution geht vom Verständnis der Liturgie als Vergegenwärtigung des Paschamysteriums aus.[205] Damit nimmt sie einen Grundgedanken der patristischen wie der neueren Theologie der Liturgie auf[206] und versteht die Liturgie, besonders die Liturgie der Eucharistie als sakramentale Vergegenwärtigung des *Pascha Domini*, von Tod und Auferstehung unseres Herrn Jesus Christus, und als Vorausfeier seiner endgültigen Ankunft in Herrlichkeit. »Deinen Tod, o Herr, verkünden wir und deine Auferstehung preisen wir, bis du kommst in Herrlichkeit.« In der Fachliteratur ist der Charakter der Eucharistie als Paschamysterium gut rezipiert worden; im durchschnittlichen Gemeindebewusstsein ist er jedoch bisher noch nicht voll angekommen. Da ist noch katechetische Mystagogie zu leisten, um den österlichen und festlichen Charakter jeder Feier der Eucharistie zur Geltung zu bringen.

Um die Eucharistie als Freudenfest zu begehen, bedarf es des Bewusstseins, dass jede Eucharistiefeier eine Osterfeier ist; jede Eucharistie ist ein österliches *Exsultet* über die *felix culpa*, die glückselige Befreiung und Erlösung von der Last der Schuld der Welt.[207] Die Erlösung der Welt ist nach Thomas von Aquin das größere Zeichen der Allmacht Gottes als die Erschaffung von Himmel und der Erde.[208] So ist jede Eucharistiefeier ein kosmisches Halleluja über die Offenbarung der inneren Glückseligkeit Gottes in unserer Welt. Erst dieser Mysterien-Charakter gibt der Eucharistie ihre Faszination, der wir nur in gebannter Stille vor dem Mysterium und in der Haltung der Anbetung gerecht werden können.

Freude am Wort Gottes, das uns Licht und Leben ist, und Freude an der Eucharistie als Feier des neuen Lebens und der neuen Schöpfung sind die Quellen unserer christlichen Freude. In ihnen begegnet uns »Jesus, meine Freude« als »Morgenstern der finstern Nacht, der die Welt voll Freude macht« (GL 372). So können wir die Märtyrer von Abitana in der damaligen Provinz *Africa proconsularis* verstehen. Als ihnen in der Verfolgung unter Kaiser Diokletian die sonntägliche Versammlung der Christen strengstens verboten wurde, antworteten sie ihren Anklägern: »Wir können nicht ohne das Mahl des Herrn leben.«[209]

V
Gott, unser bester Freund

Ich nenne euch Freunde

Alles, was die Bibel und die christliche Tradition über das Verhältnis des Menschen zu Gott als seinem Vater, unsere Berufung zur Teilhabe am Leben und an der Glückseligkeit Gottes sagt, scheint so weit über alle unsere Erwartungen und kühnsten Träume hinauszugehen, dass wir uns kaum denken können, dass diese Botschaft auch darüber nochmals hinausweist. Die Bibel spricht nicht nur über unsere beseligende Gemeinschaft mit Gott in der Teilnahme an Gottes eigener Seligkeit, sie spricht darüber hinaus von der Freundschaft Gottes mit uns Menschen und des Menschen mit Gott.[210]

Das geht weit über alles hinaus, was man in der alten Welt für möglich hielt. Die Freundschaft war ursprünglich nur im Rahmen der Großfamilie, des Clans, des eigenen Volkes denkbar. Schon Platon, Aristoteles und ihnen folgend Cicero gehen darüber hinaus. Nach ihnen gründet Freundschaft auf Sympathie; sie setzt Gleichheit, Gleichrangigkeit und Gegenseitigkeit voraus. Doch wie soll zwischen Gott und dem Menschen Gleichheit, Gleichrangigkeit und Gegenseitigkeit möglich sein? So gibt es außerbiblisch bestenfalls entfernte Parallelen zu der biblischen Bezeichnung Gottes als Freund von Menschen.

Die Bibel dagegen nennt gleich ganz am Anfang der Geschichte Gottes mit den Menschen Abraham, den Urvater des Glaubens, einen Freund Gottes (2 Chr 20,7; Jes 41,8; Dan 3,35; Hebr 11,8; Jak 2,23). Von Mose sagt schon das Alte Testament, Gott habe mit ihm Auge in Auge geredet, so wie Menschen miteinander reden (Ex 33,11). Nach dem Buch der Weisheit tritt die Weisheit von Geschlecht zu Geschlecht in heilige Seelen ein und schafft Freunde Gottes und Propheten (Weish 7,27).

Jesus durchbricht dann ganz grundsätzlich die antiken Vorstellungen über freundschaftliche Beziehungen zwischen Menschen. Nicht nur Blutsverwandtschaft, Zugehörigkeit zum gleichen Clan oder zu demselben Volk verlieren ihre Bedeutung, er denkt überhaupt nicht mehr in Kategorien der Gleichrangigkeit und der Gegenseitigkeit. »Wenn du ein Essen gibst, dann lade Arme, Krüppel, Lahme und Blinde ein. Du wirst selig sein, denn sie haben nichts, um es dir zu vergelten; es wird dir vergolten werden bei der Auferstehung der Gerechten« (Lk 14,13 f). Damit ist alle berechnende Interessen- oder Parteifreundschaft überwunden. Jesus hält festliche und fröhliche Mahlgemeinschaft sogar mit Leuten, welche damals als Sünder galten und gesellschaftlich geächtet waren. Mit ihnen feiert er das kommende Reich Gottes voraus (Mt 9,10; Lk 5,29 f; 15,2). Er wurde darum als Freund der Zöllner und Sünder beschimpft (Mt 11,19). Er macht den Zöllner Levi zu seinem Jünger (Mk 2,13–17 par) und bezeichnet alle seine Jünger als seine Freunde (Lk 12,4).

In den Gleichnissen vom Verlorenen, besonders im Gleichnis vom verlorenen Sohn, verteidigt sich Jesus. Mit diesem Gleichnis will er sagen: So wie er sich der barmherzige Vater im Gleichnis verhält, so verhält sich der Vater im Himmel zu den Verlorenen, und genauso verhalte ich mich zu ihnen. Gott selbst ist Freund der Zöllner und Sünder, der Armen, der Verlorenen und Verdammten dieser Erde (Lk 15). Gott freut sich mehr über einen einzigen Sünder, der umkehrt und Buße tut, als über neunundneunzig Gerechte, die meinen, es nicht nötig zu haben umzukehren (Lk 15,7.10.32). In einem anderen Gleichnis spricht er von einem Menschen, der bei seinem Freund mitten in der Nacht anklopft und ihn um Unterstützung in einer dringenden Notsituation bittet; ein anderer Freund ist unerwartet bei ihm eingetroffen, und er hat nichts, um es ihm anzubieten (Lk 11,5–8). Jesus will damit sagen: Gott ist wie ein Freund, den man um alles bitten kann und von dem man auch Außergewöhnliches erwarten darf. Gott ist sozusagen der beste Freund des Menschen, den man in jeder Not um Hilfe bitten darf.

Die Bezeichnung Gottes als Freund geht über die familiär-kindliche Anrede Gottes als Vater *(abba)* (Mk 14,36) hinaus, zu der Jesus uns eingeladen hat, indem er uns zu Gott »unseren Vater« beten lehrte (Mt 6,9; Lk 11,2). Diese Gebetsanrede hat die urchristliche Gebetspraxis nachhaltig bestimmt und wurde auch vom Apostel Paulus aufgegriffen (Röm 8,15; Gal 4,6), Die Rede von Gott als Freund geht darüber hinaus. Sie bringt zum Ausdruck, dass wir vor Gott nicht wie unmündige Kinder dastehen, sondern als seine Freunde, die mündig sind und die Gott in jeder Situation anrufen dürfen. Anders als den Bruder kann man sich den Freund selber wählen. Wenn Gott uns, die wir Sünder sind, als seine Freunde bezeichnet, dann dürfen wir uns als die Auserwählten Gottes betrachten.

Damit hat Lukas die Aussagen im Johannesevangelium vorbereitet, in denen Jesus nach dem Letzten Abendmahl zu seinen Jüngern sagt: »Ich nenne euch nicht mehr Knechte ... Vielmehr habe ich euch Freunde genannt« (Joh 15,15).[211]

Wir dürfen dieses Wort nicht banal dahingehend missverstehen, als ob Jesus sich gleichsam auf Kumpelebene mit uns begeben hätte. Ein solches Missverständnis ist ausgeschlossen, weil Jesus im gleichen Zusammenhang von sich selbst als Herr (κυριος) spricht, der sich Jünger als seine Freunde erwählt hat. Nicht wir haben ihn, er hat uns als seine Freunde erwählt (15,13–16). Jesus begründet diese Freundschaft damit, dass er seine Jünger in sein tiefstes Geheimnis eingeweiht hat und ihnen alles mitgeteilt hat, was er selbst von seinem Vater empfangen hat. Die Gleichheit in der Freundschaft wird also durch Teilhabe an Jesu innerstem Geheimnis begründet. Durch ihn nehmen wir an einem Verhältnis zum Vater teil. So wie er eins ist mit dem Vater, so wir in ihm (Joh 10,30; 17,11).

Die Begründung der Freundschaft geht noch tiefer. Jesus hat das Größte getan, was man in der Antike von einem Freund erwartet hat. Er hat sein Leben für seine Freude hingegeben. »Es gibt keine größere Liebe, als wenn einer sein Leben für seine Freunde hingibt« (Joh 15,13).[212] Über diese Lebenshingabe spricht das Johannesevangelium auch an anderen Stellen (10,11; 15,17 f; vgl. 1 Joh 3,16). Hinter dem Wort von der Freundschaft steht damit der schon im zweiten Jesaja-Buch vorausgesagte Gedanke vom stellvertretenden Tod Jesu (Jes 52,12). Der Gedanke der Freundschaft mit Jesus führt uns somit mitten ins Zentrum der neutestamentlichen Botschaft vom stellvertretenden Tod Jesu für uns. Es geht also nicht um eine rein emotionale Freundschaft, sondern um eine Freundschaft auf Leben und Tod. Das hat Konsequenzen für die Jünger. Denn wenn Jesu Freundschaft sich in seiner Lebenshingabe zeigt, dann müssen auch die Jünger untereinander Freunde sein und einander lieben, so wie er uns geliebt hat (Joh 15,9 f). In diesem letzten Ernst, der bis zur Hingabe des Lebens geht, wird die Freundschaft mit Jesus und die Freundschaft der Jünger untereinander zur vollkommenen Freude (Joh 15,11).

In den johanneischen Aussagen spricht Jesus ausdrücklich nur von seiner Freundschaft mit seinen Jüngern und nur indirekt und implizit auch von der Freundschaft der Jünger mit Gott. Die Kirchenväter haben diese Aussagen aber schon früh im Sinn der Freundschaft Gottes mit uns und der Freundschaft untereinander gedeutet.[213] Augustinus hat dann als Erster eine Theorie der christlichen Freundschaft entwickelt. In seinen Frühschriften war er noch an der Definition der Freundschaft durch Cicero orientiert und hat in glühenden Worten über den Freundeskreis von Cassiciacum als Gleichklang der Neigungen gesprochen.[214] In den *Confessiones* geht er dann einen Schritt weiter und spricht von der Freundschaft, in der wir durch die im Heiligen Geist in unsere Herzen ausgegossene Liebe Gottes gleichsam zusammengekittet sind (Röm 5,5).[215] Es ist der Geist, der uns innerlich verwandelt und neu schafft und der so die Freundschaft ermöglicht.[216] Nach Augustinus wird durch diese von Gott uns im Heiligen Geist geschenkte Freundschaft die ursprüngliche paradiesische Freundschaft Gottes mit dem Menschen wiederhergestellt.[217]

Nicht Knechte, sondern Freunde

Die alles vorhergehende Denken revolutionierende biblische und patristische Darstellung des Verhältnisses von Gott und Mensch wird erst dann voll deutlich, wenn wir sie nicht nur mit dem antiken, sondern auch mit dem modernen Denken konfrontieren. Dazu müssen wir sie mit dem berühmten Kapitel konfrontieren, das sich in Hegels *Phänomenologie des Geistes* findet, das mit »Herrschaft und Knechtschaft« überschrieben ist.[218] Dieses Kapitel hat im Pro und im Contra im 19. und im 20. Jahrhundert eine enorme Wirkungsgeschichte gehabt. Sie reicht von der kritischen Sozialphilosophie von Karl Marx bis zur Frankfurter Schule und zur poststrukturalistischen französischen Philosophie (J. Derrida, M. Foucault und andere); sie hat außer der Soziologie einen großen Teil der modernen Psychologie und Anthropologie beeinflusst und die gesellschaftlichen wie psychologischen Emanzipationstheorien des 19. und des 20. Jahrhunderts weithin geprägt.

Hegel geht es in diesem Kapitel um die Ableitung des menschlichen Selbstbewusstseins aus der Emanzipation und aus der Befreiung aus dem Selbstverständnis als Herr wie vom Selbstverständnis als Knecht. Hegel beschreibt das Verhältnis von Herr und Knecht als ein Verhältnis gegenseitiger Abhängigkeit. Der Knecht ist Knecht kraft seiner erzwungenen Unterordnung unter den Herrn; doch auch der Status des Herrn ist abhängig von der Anerkennung seiner Herrschaft durch den Knecht. Der Knecht hat seine Identität aufgrund seiner Herrschaft über die Natur. Damit kehrt sich das Herrschaftsverhältnis um: Der Knecht wird zum Herrn, weil der Herr von der Arbeit des Knechts und deren Produkten abhängig ist. Das Selbstbewusstsein des Herrn wie das des Knechts resultiert demnach aus einem Kampf um gegenseitige Anerkennung.

Mit dieser Theorie von einem asymmetrischen Anerkennungsverhältnis von Herr und Knecht hat Hegel das Thema der Befreiung von repressiven Herrschaftsverhältnissen aufgeworfen. Dieser Dialektik und diesem Kampf um Anerkennung von Herr und Knecht setzt die Bibel die ganz andere Aussage entgegen: »Ihr seid meine Freunde!« (Joh 15,15), und ihr sollt euch untereinander wie Freunde verhalten. In der Bibel resultiert die Freundschaft nicht aus einem Kampf um Anerkennung, sondern aus einer freien gnädigen Wahl und Erwählung. Sie verwirklicht sich nicht in einem Kampf um Befreiung von Abhängigkeit, sondern in der Liebe, die sich selbst schenkt und die bis zur Lebenshingabe für den oder für die anderen geht. In der Freundschaft geht es nicht um einen Kampf um Anerkennung, sondern um ein freies Zusammenspiel der Liebe. In ihr macht sich der Herr selbst zum Knecht und lädt uns ein, so wie er die Last des anderen zu tragen, darin das Gesetz Christi zu erfüllen (Gal 6,2) und zur Freude des Christseins zu gelangen.[219]

Gottesfreundschaft als Herz der Spiritualität

Thomas von Aquin hat die biblische Botschaft von der Gottesfreundschaft zum Mittelpunkt seiner Lehre von der Spiritualität des Christen gemacht.[220] Dabei knüpfte er an der augustinischen Unterscheidung zwischen zwei Arten der Furcht an: Die knechtische Furcht, die von der Liebe ausgetrieben wird (1 Joh 4,18), und die keusche Furcht, die bleibt (Ps 18,10). Sie macht uns nicht zu Knechten, sondern zu Söhnen, die den Willen des Herrn kennen, ihn verstehen und ihn aus Liebe von Herzen gerne erfüllen. Sie wissen, dass es die Gnade des Herrn ist, dass wir seinen Willen überhaupt erfüllen können, und die darum rufen: Abba, Vater (Röm 8,15).

Augustinus bezieht die beiden Arten der Freundschaft auf den Vergleich des Paulus zwischen den zwei Söhnen des Abraham, dem natürlichen Sohn der Magd Hagar und dem Sohn der Verheißung, Isaak, der von der Freien Sara stammte. In der nicht knechtischen, sondern keuschen, kindlich sohnhaften Furcht sind wir nicht Kinder der Magd, sondern Kinder der Freien (Gal 4,31), in ihr haben wir das Leben in der Freiheit der Söhne (und der Töchter) Gottes.[221] Diese sohnhafte Freundschaft in der Freiheit der Kinder Gottes weitet Augustinus in unterschiedlichen Stufen der Intensität auf alle Menschen, Christen wie Nichtchristen, aus. Noch in den reifen Schriften seiner Bischofszeit preist er sie aufs Höchste als Freundschaft im Guten, in Freud und in Leid.[222]

Thomas von Aquin hat die Unterscheidung Augustins zwischen den zwei Arten der Furcht aufgegriffen.[223] Wie wichtig ihm dieses Thema ist, zeigt sich schon daran, dass er es nicht erst in der Theologischen Summe, sondern schon in seinem Frühwerk, im Kommentar zu den Sentenzen des Petrus Lombardus, ausführlich dargelegt hat.[224] Schon dort sagt er, dass die Freundschaft mit Gott zur Gemeinschaft der Liebe etwas hinzufügt, nämlich das Wissen um die Liebe, die freie Wahl des Partners und damit die Gegenseitigkeit der Liebe. So kommt die Gottesliebe erst in der Freundschaft zu sich selbst; sie ist die vollkommenste Form der Liebe.

In der *Summe der Theologie* werden diese Gedanken breit entfaltet.[225] Dort legt Thomas dar, dass die Gottesliebe nicht nur Liebe zu Gott, sondern darüber hinaus auch Freundschaft mit Gott ist, Wechselseitigkeit der Liebe und wechselseitiger Lebensaustausch. Die Freundschaft besteht in einem herzlichen wechselseitigen Verkehr des Menschen mit Gott, in einem gegenseitiges Sich-Liebhaben. Man kann sie auch als Gottesminne bezeichnen.

Möglich ist diese Freundschaft allein durch die Gabe des Heiligen Geistes und durch Teilhabe am Heiligen Geist,[226] der Freude und ekstatischer Jubel in Gott ist und darum Freude und Jubel schenkt.[227] Der Heilige Geist schließt unsere Freiheit nicht aus, er regt sie vielmehr an und bewegt sie so, dass sie sich selbst bewegt.[228] In diesem wechselseitigen Freundschaftsverhältnis kommt die Liebe zu sich, sie wird reflexiv ihrer selbst bewusst und bejaht sie in geistgewirkter Freiheit. Diese vom Geist geschenkte freie Zustimmung zur Erfüllung der tiefsten Sehnsucht des Menschen ist die Freude des Christen; in ihr bejaht der Mensch voll Freude Gott und sich selbst; er nimmt sich selbst voll Freude an als von Gott geliebt und von Gott erfüllt.[229] Die Freundschaft mit Gott ist so die gnadenhafte Erfüllung der natürlichen Sehnsucht des Menschen nach vollkommenem Glück und nach vollkommener Seligkeit.

In dieser Welt ist die Seligkeit noch unvollkommen. Wir sind noch auf dem Weg, auf dem die Liebe immerzu noch wachsen und reifen soll, bis sie in der ewigen Heimat endgültig ans Ziel kommt.[230] Weil aber die Liebe Gott schon jetzt über alles liebt, kann sie sich schon jetzt aller anderen Güter entäußern. Solche sich selbst entäußernde Armut im Heiligen Geist schenkt nach der Verheißung der Bergpredigt Seligkeit.[231] In der Gleichnis-Sprache Jesu: In übergroßer Freude verkauft ein Mann, der einen Schatz im Acker gefunden hat, alles, um den einen Schatz zu erwerben (Mt 13,44).

Mit diesem Lob der evangelischen Armut gibt Thomas auch etwas über sich selbst preis. Er macht deutlich, was ihn in seiner Jugend bewegt hat, gegen den entschiedenen Willen seiner Familie sich dem Bettelorden der Dominikaner anzuschließen.[232] Für ihn ist freiwillige Armut das erste Fundament, um zur vollkommenen Liebe zu gelangen (Mt 19,21).[233]

Der Bettelorden der Dominikaner war und ist zugleich ein Predigerorden. Theologie und Seelsorge, besonders Theologie und Predigt, gehörten für den mittelalterlichen Magister, so auch für Thomas, zusammen.[234] Die Seligkeit der Gottesfreundschaft war für ihn kein sich selbst suchendes, in sich selbst verliebtes Wonnegefühl, kein Schwelgen in der eigenen Seligkeit. Die Liebe ist auch darin überschwänglich, dass sie die persönliche Gottesfreundschaft weitergeben will. Freundschaft bedeutet immer auch Freundschaft mit den Freunden des Freundes.[235] Da Gott jeden Menschen liebt, überschreitet die Gottesfreundschaft den christlichen und kirchlichen Innenbereich und erstreckt sich auf alle Menschen, selbst auf die Feinde. Sie kann nie exklusiv, sondern immer nur inklusiv sein. Gottesliebe und Nächstenliebe bis hin zu Feindesliebe lassen sich nicht trennen. Man kann nicht Gott lieben, den man nicht sieht, ohne den Bruder oder die Schwester zu lieben, die man sieht (1 Joh 4,20). Darauf wird noch ausführlich zurückzukommen sein.

Das Gebet – Freundschaftsverkehr mit Gott

Freundschaft will gepflegt werden. Das geschieht vor allem im Gespräch zwischen den Freunden. In besonderer Weise gilt das von der Gottesfreundschaft. Sie drückt sich aus im Gebet.[236] Das Gebet ist der Urakt jeder Religion und Urausdruck des Menschen. Denn im Gebet spricht sich die uns eigene Sehnsucht nach Gott aus; das Gebet ist Interpret unserer Sehnsucht und damit unseres tiefsten menschlichen Verlangens.[237] »Eines habe ich vom HERRN erfragt, dieses erbitte ich: im Haus des HERRN zu wohnen alle Tage meines Lebens; die Freundlichkeit des HERRN zu schauen und nachzusinnen in seinem Tempel« (Ps 27,4).

Sosehr das Gebet ein urmenschlicher Akt ist, der sich in allen Religionen der Menschheit findet, ist das Gebet und das Beten-Können des Christen vor allem eine Gabe des Heiligen Geistes (Lk 11,13). Es ist der Geist, der uns aufweckt aus unserer Trägheit und Schwerfälligkeit, der uns zum Aufbruch aus unserer Niedergeschlagenheit ermuntert und uns beflügelt, unsere menschlichen Grenzen auf Gottes Allmöglichkeit hin zu überschreiten (Mk 9,23). Nur im Heiligen Geist können wir es uns erlauben und es wagen, Gott als Vater anzureden (Röm 8,14–16; Gal 4,6). So ist das Beten Ausdruck christlicher Freiheit und christlichen Freimuts.

Das Gebet erhebt den Menschen zu Gott; er wird gleichsam über sich hinausgehoben, überschreitet seine eigene Endlichkeit, Hinfälligkeit und Schwerkraft; er lässt die ganze Trost- und Hoffnungslosigkeit der *acedia* hinter sich, schöpft Hoffnung, vielleicht Hoffnung gegen alle menschliche Hoffnung. Der Beter erinnert sich an seine wahre Würde als Bild, ja als Freund Gottes. Er weiß: Da ist einer, der dich sieht und der dich hört, auch wenn dir sonst vielleicht keiner mehr zuhört. Ja, schon bevor wir unsere Not vortragen, weiß er schon darum (Jes 65,24; Mt 6,6). Wir beten darum nicht, um Gott zu beeinflussen, sondern darum, dass sein Wille geschehe und das Reich Gottes und seine Gerechtigkeit komme (Mt 6,10).[238]

Im Gebet sollen wir uns vor dem heiligen Gott niederwerfen und vor ihm niederknien. Als seine Freunde dürfen wir auch aufrecht vor ihm stehen. Als der Propheten Elija sich alleingelassen vorkam und sich voll Angst in eine Höhle verkrochen hatte, wird ihm gesagt: »Komm heraus und stell dich … vor den HERRN!« (1 Kön 19,11). So ist das Beten Zwiesprache mit Gott. Teresa von Ávila sagt vom Gebet, es sei Freundschaftsverkehr mit Gott. »Das Gebet ist meiner Ansicht nach nichts anderes als ein Gespräch mit einem Freund, mit dem wir oft und gern allein zusammenkommen, um mit ihm zu reden, weil er uns liebt. Das Gebet ist ein Gespräch wie mit einem Freund, mit dem wir alles bereden und besprechen können.«[239]

Jesus selbst war ein Beter. Sein ganzes Leben war vom Gebet umrahmt und durchdrungen; das Gebet war die Quelle, aus der er lebte. Immer wieder hat er sich, vor allem vor schweren Entscheidungen, zurückgezogen, um allein zu sein und mit seinem Vater betend im Austausch zu sein. Das Gebet war die Quelle, aus der er lebte (Mk 1,35 par; 14,32.42 par; Lk 3,21; 5,16; 9,18). Er hat uns gelehrt, dass und wie wir beten sollen und uns das »Vater unser« als Grundgebet des Christen gelehrt, in dem wir zu Gott vertrauensvoll Du sagen und ihn als unseren Vater anreden dürfen (Mt 6,5–15; Lk 11,2–4). Jesus versichert uns, dass, was immer wir in seinem Namen erbitten, erhört werden wird (Mt 7,7 f, Mk 11,24; Lk 11,9; Joh 14,23 f; 15,7; 16,24).

Im Namen Jesu beten heißt auch im Geist Jesu beten. Im Geist Jesu können wir nur für andere, aber nie gegen andere beten oder sie gar verfluchen. Das Alte Testament kennt zwar Fluchpsalmen; sie bedürfen einer christlichen Interpretation. Sie können verstanden werden als ein Appell an Gottes Heiligkeit, die den Mächten des Bösen widersteht. In Bezug auf konkrete Menschen aber können wir im Geist Jesu nur wie er selbst beten: »Vater, vergib ihnen, denn sie wissen nicht, was sie tun« (Lk 23,34; vgl. Apg 7,60).

Vielen fällt heute das Beten schwer. Auch die ersten Jünger haben gebeten: »Herr, lehre uns beten!« (Lk 11,1). Jesus hat deutlich gemacht, dass man beim Beten keine großen und nicht viele Worte zu machen braucht. Schon gar nicht sollen wir aus dem Beten eine große Schau machen (Mt 6,5–8). Gott weiß, was wir brauchen, schon ehe wir ihn darum bitten. Er hat das Ohr an unserem Herzen (Augustinus). Das Gebet kann darum ein einziges Wort oder ein kurzer Satz sein: »Lieber Gott, danke für diesen neuen Tag, für diese gute Begegnung, für diese schöne Erfahrung, für deine Begleitung am heutigen Tag …«, oder: »Lieber Gott, bitte hilf mir, verzeih mir, hilf meinem Freund …« Man nennt das ein Stoßgebet. In schwierigen Situationen fallen uns jedoch nicht immer die rechten Worte ein. Darum ist es gut, einige Gebete auswendig zu kennen, sozusagen auf Vorrat zu haben. Natürlich gehört dazu in erster Linie das »Vater unser«, das Jesus uns gelehrt hat (Mt 6,9–13; Lk 11,2–4). Hilfreich kann auch ein Psalm sein:

Der HERR ist mein Hirt, nichts wird mir fehlen.
Auch wenn ich gehe im finsteren Tal,
ich fürchte kein Unheil; denn du bist bei mir,
dein Stock und dein Stab, sie trösten mich.
(Ps 23,1.4)

Wir können auch aus dem großen Gebetsschatz der Heiligen, die immer auch große Beter waren, schöpfen und von ihnen das Beten lernen.

Die Möglichkeit, die Heilige Schrift betend und betrachtend zu lesen, haben wir bereits kennengelernt.[240] Die Bibel ist im Grunde das wichtigste Gebetbuch. Das betende Lesen der Heiligen Schrift wird in der Schrift selbst und von einer langen Tradition praktiziert und ist uns vom Zweiten Vatikanischen Konzil erneut eindringlich empfohlen worden. Es geschieht dadurch, dass man im Gebet betend die Propheten oder Jesus selbst nicht zum Volk oder den Jüngern damals, sondern zu sich selbst und zu uns heute sprechen lässt und darauf im nachdenklich betrachtenden Gebet eine persönliche Antwort zu geben versucht. So wird aus der Begegnung und Zwiesprache von damals eine Zwiesprache von Herz zu Herz heute.

So wenig, wie wir viele und feierliche Worte zu machen brauchen, so ist auch keine besondere Haltung vorgeschrieben. Man kann stehend, gehend, sitzend, liegend wie kniend beten, mit erhobenen Händen wie mit gefalteten Händen; man kann auch während der Arbeit oder während man irgendwo anstehen und warten muss, statt in die Luft zu gucken und die Gedanken schweifen zu lassen, still beten. Das ostkirchliche, inzwischen auch bei uns heimisch gewordene

Jesus-Gebet oder ein Gesätzchen des Rosenkranzes können da hilfreich sein. Da der Mensch Leib-Seele-Wesen ist, gibt es Haltungen, welche uns helfen zu beten, die der inneren Haltung einen gemäßen Ausdruck geben und damit das innere Beten unterstützen und verstärken. Auch gegenüber einem Freund kann man sich nicht einfach gehenlassen, man muss die Form wahren. Heute, wo vieles formlos geworden ist, müssen wir darum die liturgischen Haltungen neu lernen: stehen, schreiten, niederknien oder sich niederwerfen, sitzend hören und nachsinnen, die Hände erheben, aber auch singen, klatschen und tanzen.[241] Hilfreich sind feste Gebetszeiten, in denen wir uns Räume und Zeiten freihalten für das Stillewerden vor Gott.

Schließlich kann das Gebet auch eine wortlose innere Zwiesprache sein, ein Ruhig- und Stillewerden vor Gott, ein Verweilen in seiner Gegenwart, ein Innewerden, dass Gott da ist, mich anschaut, mich liebt und ich in ihm geborgen bin. Das kann überall geschehen, zu Hause, auf einer stillen Bank im Freien, beim Hören von Musik und anderswo. Es gelingt besonders bei einem privaten stillen Besuch in einer Kirche oder in einer Kapelle am Weg, beim Knien vor dem Tabernakel, in dem der Herr persönlich gegenwärtig ist, auf mich wartet, um mich mit seiner Liebe zu verwöhnen. Ebenso kann es helfen, betrachtend vor einem Kreuz oder einer Ikone zu stehen oder zu knien und dabei innewerden: Ja, das ist unser Gott. Das hat er für mich getan. Er ist mir nicht fern; er leidet mit mir.

Dabei mag uns das Bild einfallen, wie Bernhard von Clairvaux am Fuß des Kreuzes kniet und Jesus vom Kreuz herab mit beiden Armen umarmt. Ich denke vor allem an die bekannte spätmittelalterliche »Christusminne«, die sich im ehemaligen Zisterzienserinnenkloster in Heiligkreuztal in meiner Heimat in Oberschwaben befindet. Sie stellt dar, wie der Lieblingsjünger am Herzen Jesu ruht (vgl. Joh 13,23). Dabei strömt von dem Gold des Gewandes Jesu, das Zeichen seiner Gottheit ist, etwas über auf das Gewand des Jüngers und vergoldet gleichsam auch ihn. Jesus reicht ihm die Hand, hält die Hand des Jüngers aber nicht fest, lässt ihn vielmehr frei. So drückt die Darstellung ein tiefes inneres Einverständnis aus; über ihr liegen eine tiefe Ruhe und ein tiefer Frieden.

Wir dürfen das Beten freilich nicht mit gefühlsmäßigen Erwartungen überfordern, so als müsste uns jedes Mal ein heiliger Schauer, ein überschwängliches seliges Wohlgefühl, eine innere Erleuchtung oder eine tiefe innere Erschütterung überkommen. Solche Erfahrungen können uns zuteilwerden. Wir sollten sie aber nicht suchen und schon gar nicht durch Rituale oder Techniken herbeiführen, indem wir uns in Stimmung zu setzen versuchen oder manipulieren lassen. Das widerspricht schon dem normalen freundschaftlichen Gespräch. Der Suche, manchmal sogar der Sucht nach solchen »frommen« Erlebnissen liegt nicht Liebe zu Gott, sondern Selbstliebe und Selbstsucht und damit ein Mangel an selbstloser Liebe zugrunde. Gerade die großen Mystiker und Meister des Gebets wussten, dass es im Gebet Situationen der Trockenheit, der Dürre, der Leere, der Wüste, der Verlassenheit gibt. Sie sagten freilich auch, dass gerade dies Zeiten des inneren Reifens und des Wachsens in der Liebe waren, in denen Gott gleichsam in einer Wolke verborgen bei ihnen war. Nicht umsonst ist in der Heiligen

Schrift die Wolke das Zeichen der geheimnisvollen Gegenwart Gottes bei der Wüstenwandung des Gottesvolkes (Ex 14,20; 16,10 u. a.).

Zu den mystischen Formen des Betens kann in diesem Zusammenhang nur wenig gesagt werden: Die Mystik ist nicht Frömmigkeit für wenige »Auserwählte«, und man kann sie auch nicht von außerordentlichen, als mystisch bezeichneten Phänomenen her beschreiben. Eher muss man Mystik als eine verinnerlichte Form des normalen Glaubenslebens verstehen. Sie ist das Innewerden und Bewusstsein der unmittelbaren Gegenwart Gottes und insofern ein Innewerden Gottes. Sie gehört im Grunde zu einem intensiveren christlichen Leben. Sie ist zugleich ein Weg, auf dem man geführt wird und der verschiedene Stadien und Stufen der Intensität haben kann.[242] In diesem Sinn ist das bekannte Wort von Karl Rahner zu verstehen: »Der Christ von morgen wird ein Mystiker sein, einer, der etwas erfahren hat.«[243]

Beten bedeutet vor Gott stehen und sein Leben wie die Situation der Welt vor ihm zur Sprache bringen. Das Beten kann darum je nach der Situation einen unterschiedlichen Inhalt haben, es kann Lob- und Dankgebet wie Bittgebet sein. Oft erinnern wir uns nur an Gott, wenn wir in Not sind, und wir vergessen dabei, ihm zu danken, dass wir überhaupt sind und vor ihm sein dürfen, dass er uns annimmt und liebt, dass er da ist und uns hört, uns in unserem Leben begleitet und behütet. Unser Bittgebet setzt das alles voraus. Denn Gott bitten können wir sinnvollerweise nur, wenn wir Gott als den Vater und allgütigen Herrn der Welt und unseres Lebens anerkennen und ihn als unseren Schöpfer und Erlöser anbeten.

Viele Psalmen sind Lob- und Danklieder. »Lobe den HERRN, meine Seele! Ich will den HERRN loben in meinem Leben, meinem Gott singen und spielen, solange ich da bin. Vertraut nicht auf Fürsten, nicht auf den Menschen, durch den es keine Rettung gibt! … Selig, wer den Gott Jakobs als Hilfe hat, wer seine Hoffnung auf den HERRN, seinen Gott, setzt. Er ist es, der Himmel und Erde erschafft, das Meer und alles, was in ihm ist. Er hält die Treue auf ewig« (Ps 146,1–6). Schön und geziemend ist es darum, Gott zu loben (Ps 147,1). Dabei kann sich der Beter mit den Schöpfungspsalmen sozusagen zum Chorführer des Lobgesangs der ganzen Schöpfung machen (besonders Ps 148). »Wir loben dich, wir preisen dich, wir beten dich an, wir rühmen dich und danken dir, denn groß ist deine Herrlichkeit«, so sprechen oder singen wir im Gloria der Messe.

Nicht immer ist es uns zum Jubeln, oft ist uns eher zum Weinen und zum Heulen zumute. Bei Gott finden wir in jeder Situation Gehör. Als Freunde Gottes dürfen wir vor ihm in jeder Situation unser Herz ausschütten, unsere Freude und unseren Jubel wie unsere Trauer und unser Leid. Das Bittgebet setzt das Dankgebet voraus; es ist zugleich der Ernstfall des Glaubens und des Betens. Denn im Bittgebet machen wir ernst mit dem Glauben an die Allmöglichkeit Gottes und an die Allmacht seiner Liebe. »Alles ist möglich dem, der glaubt« (Mk 9,23). Jesus zeigt uns im »Vater unser«, worum wir bitten sollen. An erster Stelle soll die Bitte um das Offenbarwerden seiner Herrlichkeit, das Kommen seines Reiches und seiner Gerechtigkeit stehen. Dann dürfen wir ebenso um das tägliche Brot und um die alltäglichen Dinge, die wir brauchen, bitten. Dabei sollen wir nicht nur an uns denken, sondern für alle Menschen beten, die in leiblicher oder geistlicher Not sind, ebenso für die Regierenden, damit sie uns gut und gerecht regieren (1 Tim 2,1 f).

Die Antwort ist selbstverständlich nicht eine Art telefonische Rückantwort, und schon gar nicht löst das Bittgebet quasi einen Automatismus aus. Es kann wunderbare Gebetserhörungen geben, und viele werden uns in glaubwürdiger Weise bezeugt. Vor Leichtgläubigkeit und Mirakelsucht ist freilich zu warnen. Gott kann uns auch mehr geben, als wir erbitten und ausdenken können (Eph 3,20 f). Auch wenn unsere Gebetswünsche nicht unmittelbar aufgehen, kann sich das Gebet als Macht und als eine Quelle der Kraft erweisen. Es kann uns verwandeln. Unter den Augen Gottes fällt Licht in unser Herz, auch dorthin, wo noch manch Dunkles ist. Das Gebet lässt Licht auf Verdrängtes fallen und führt uns zu besserer und demütiger Selbsterkenntnis und sagt uns zugleich, dass wir uns mit all unseren Grenzen annehmen dürfen, so wie Gott uns in seiner nie endenden Barmherzigkeit annimmt. In dieser Weise schafft das Gebet in uns einen Raum und eine Atmosphäre, in der gute Gedanken und Entscheidungen reifen, uns die Augen aufgehen und sich Wege auftun können. Oft mögen unsere Bitten ja auch töricht sein, weil wir nicht wissen, was uns wirklich nottut. »Gott ist Gott, der oftmals nicht gibt, was wir wollen, auf dass er uns gebe, was wir lieber wollen sollen« (Augustinus).

Das Bittgebet kann sich bis zur Klage steigern. Die Klagepsalmen (Ps 22; 38; 44; 59; 60; 69; 74; 79 u. a.) oder die fünf Klagelieder des Propheten Jeremia, die Teil der Karfreitagsliturgie sind, zeigen, dass wir vor Gott auch klagen und ehrlich sagen dürfen, was und wo es wehtut: Warum geschieht das mir? Warum hilfst du nicht? Warum lässt du das alles zu? Jesus selbst hat am Kreuz gebetet: »Mein Gott, mein Gott, warum hast du mich verlassen?« (Mk 15,34 nach Ps 22,2). Manchmal fehlen uns gar die Worte, oder wir merken wie der Dulder Ijob, dass wir mit Gott nicht rechten können und einfach verstummen und schweigen müssen (Ijob 42). Bei übergroßem Leid ist es oft die einzig mögliche Art des Betens, schweigend vor Gott zu stehen. Auch wenn wir den Schmerz vor dem unergründlichen Geheimnis Gottes schweigend aushalten, wird uns das innerlich trösten und noch im Leid inneren Frieden und tief-innere Freude schenken.

Die Psalmen zeigen, wie Klage in Dank und Freude umschlagen kann. Am deutlichsten ist dies beim Klagepsalm 22, den Jesus am Kreuz gebetet hat. Er beginnt: »Mein Gott, mein Gott, warum hast du mich verlassen?«, und endet mit einem Lobpreis: »Ich will deinen Namen meinen Brüdern verkünden, inmitten der Versammlung dich loben. Vom Herrn wird man dem Geschlecht erzählen, das kommen wird. Seine Heilstat verkündet man einem Volk, das noch geboren wird: Ja, er hat es getan« (Ps 22,23.31 f). Ähnlich sagt es der Bußpsalm 43, der früher als Stufengebt zu Beginn jeder Messfeier gebetet wurde. Er beginnt: »Warum muss ich trauernd umhergehn?«, und endet dann: »So will ich kommen zu Gottes Altar, zum Gott meiner Freude und meines Jubels. Ich will dir danken zur Leier, Gott, du mein Gott« (Ps 43,2.4).

Die Frucht des Gebets und sehr oft die Gebetserhörung ist, dass Gott uns gerade in schwierigen, menschlich aussichtslos scheinenden Situationen im Gebet Gelassenheit, innere Ruhe und inneren Frieden, innere Kraft, neuen Mut und neue Freude schenkt. Es lässt in uns ein neues Denken und gute Entscheidungen reifen. Es gibt viele Zeugnisse, in denen uns Menschen sagen, dass ihnen das Gebet in ausweglos scheinenden Situationen Mut und Kraft zum Durchhalten gab.

Mit alldem werden alle Vorwürfe Lügen gestraft, welche meinen und sagen, beten sei nur eine Alibifunktion, eine Selbsttäuschung und ein Selbstbetrug, gar eine Weltflucht, die vom Handeln und von der Arbeit abhält. Richtig ist, dass das Gebet kein Ersatz ist für verantwortliches Handeln dort, wo dies möglich ist. Es ist kein Ersatz, wohl aber eine Ermutigung zum Handeln und eine Quelle der Kraft beim Handeln. Gebet und Weltverantwortung sind kein Gegensatz. *Ora et labora,* »beten und arbeiten«, so wird die Grundintention der Mönchsregel des Benedikt von Nursia oft zusammengefasst. In der Tat, das *ora et labora* war die Grundhaltung der Mönche, welche die Grundlagen für das Werden Europas nach dem Chaos der Völkerwanderung geschaffen hat.

Was für die Gestaltung der Welt gilt, gilt in analoger Weise auch für die Kirche und ihre Erneuerung. Wirkliche und fruchtbare Reformen gehen aus geistlicher Erneuerung und aus dem Gebet hervor.[244] Auch manche Schwerfälligkeit und Freudlosigkeit in der Kirche lässt sich im Gebet überwinden. Statt manchem – oft sachlich gerechtfertigtem – Unwillen in der Kirche und über die Kirche freien Lauf zu lassen, tut es gut, für die Kirche und für die Verantwortlichen in der Kirche zu beten. Mir selbst hat es jedenfalls gutgetan, wenn ich bei manchmal harter Kritik nicht immer gleich zurückgeschlagen, sondern ein kurzes Gebet für den Kritiker verrichtet habe. Das hat mir geholfen, im Herzen nicht bitter zu werden, die Ruhe und die Freude, auch den Humor nicht zu verlieren. Gebet überwindet auch Kirchenfrust und verwandelt ihn in Freude. Auch und gerade in der Kirche kann das Gebet aus vermeintlichen Feinden Freunde machen und Freude bereiten.

Christliche Gastfreundschaft

Der Glaube und das Beten müssen in der Liebe wirksam werden. Es genügt nicht, zu Jesus einfach »Herr, Herr« zu sagen (Mt 7,21). Wir werden vielmehr fragen müssen: Herr, haben wir dich in meinem Bruder gesehen? (vgl. Mt 25,37.44). Haben wir uns mit dem ungerechten Mammon wirklich Freunde gemacht? (Lk 16,9). Das Gebot der Nächstenliebe hat viele Aspekte, die in den Werken der leiblichen und geistlichen Barmherzigkeit aufgezählt werden.[245] In diesem Zusammenhang soll nur auf einen grundlegenden Aspekt hingewiesen werden: die Gastfreundschaft. Für das Alte und Neue Testament und für die frühe Kirche war sie grundlegend, heute ist sie angesichts der Folgen der Globalisierung in der weltweiten Migration von hoher aktueller Bedeutung.

In der Alten Welt begegnet uns ein zwiespältiges Bild.[246] In den frühen mythischen Kulturen wurde dem Fremden Angst und Abwehr entgegengebracht; man fürchtete, er könnte fremde, Unheil stiftende magische Kräfte in die eigene soziale Gruppe bringen, sie beflecken und verseuchen. Die lateinischen Wörter *hospes* (Gast) und *hostis* (Feind) gingen darum lange Zeit ineinander über. Das sind dieselben dumpfen Gefühle der Angst, welche heute manche, obwohl sie sich dabei recht aufgeklärt vorkommen, wieder umtreiben. Daneben gab es schon damals auch utilitaristische Überlegungen, man solle den Fremden freundlich behandeln, weil man sonst die Rache der fremden Völker fürchten müsse. Vor allem der Handel war von alters her ein Motiv, dieses Gegenseitigkeitsprinzip hochzuhalten. Sehr viel weitergekommen sind wir in dieser Hinsicht heute nicht.

Anders war es in Ägypten und bei den Beduinen. In der Wüste ist jeder auf jeden angewiesen. Bei den Beduinen galt darum die Gastfreundschaft nicht nur als selbstverständliche Pflicht, sie zählte zu den Haupttugenden des ehrenhaften Mannes, was im arabischen Islam bis heute weiterwirkt. In der Welt Homers ist die Gastfreundschaft Teil der vornehmen Adelsethik. Ebenso gehört in der klassischen griechisch-römischen Welt die Menschenfreundlichkeit und die großzügige Gastfreundschaft zum großzügigen Lebensstil des freigeborenen Mannes und deren Verletzung als verabscheuenswert.

In Israel und im Judentum war die Unterscheidung zwischen Angehörigen des Bundesvolkes und Fremden geläufig,[247] aber beide lebten in den alten Traditionen der Mildtätigkeit Ägyptens. Abraham fand bei den Hetitern freundliche Aufnahme, um nach dem Tod seiner Frau Sara eine Grabstätte zu finden (Gen 23). Die Söhne Jakobs und Brüder Josefs, der es in Ägypten vom Slaven bis zum Hofmeister gebracht hatte, fanden bei der Hungersnot im eigenen Land in Ägypten gastfreundliche Aufnahme (Gen 42 ff). Die Erinnerung daran, dass die Israeliten in Ägypten als Fremde lebten, war später ein starkes Motiv für die fremdenfreundliche Ausgestaltung der israelitischen Fremdengesetze (Dtn 16,12; 24,18 u. a.). Israel blieb sich bewusst, dass es nur Gast ist, ein Fremdling wie alle seine Väter (Ps 39,13). Das große Vorbild der Gastfreundschaft war Abraham, der unter der Eiche von Mamre die drei Fremden begrüßte und ihnen großzügig freundliche Dienste erwies (Gen 18). Ähnlich galt die Witwe von Sarepta als Vorbild; sie hat mit dem Letzten, was sie noch besaß, den Propheten Elija bewirtet (1 Kön 17,8–16).

Die Weisheitsschriften mahnen aufgrund von Lebenserfahrung freilich auch zur Vorsicht bei der Aufnahme von Fremden und warnen vor den Gefahren in einem fremden Häusern leben zu müssen (Sir 11,29.34; 29,22–28). In späterer Zeit kam es sogar zu Abgrenzungen, zu Feinseligkeiten und auch zu Hass gegen andere Völker. Doch die gesetzestreuen Frommen hielten an die alten Regeln fest. Die Gemeinschaft der Essener kannte über die herkömmlichen Regeln hinaus sogar Gütergemeinschaft und wurde damit zum Modell für die späteren christlichen klösterlichen Gemeinschaften.

Das Neue Testament steht mit seiner Wertschätzung der Gastfreundschaft in dieser großen und langen Tradition und überbietet sie zugleich.[248] Die Gastfreundschaft gehört hinein in das Gebot der Nächstenliebe, welche mit dem Gebot der Gottesliebe unlösbar verbunden ist (Mt 22,36–39 par). In der großen Gerichtsrede (Mt 25,31–46) ist die Gastfreundschaft für Jesus nicht nur eine Frage des Mitgefühls, sie hat vielmehr eine geradezu mystische Dimension. Im fremden obdachlosen Wohnungssuchenden begegnet uns Jesus Christus selbst; der Fremde ist eine Verkörperung Christi. »Ich war fremd, und ihr habt mich aufgenommen«, sagt Jesus Leuten, die sich für gerecht hielten und fragten, was es denn bedeutet: »Was ihr für einen meiner geringsten Brüder getan habt, das habt ihr mir getan« (Mt 25,40). Die Begegnung mit dem Fremden ist eine Chance zur Christusbegegnung. Man kann geradezu von einer Fremdprophetie des Fremden reden und von einer Spiritualität nicht der geschlossenen, sondern der offenen Augen sprechen, welche in der Not des anderen Christus erkennt (J. B. Metz).[249] Gegen das Gebot, den Fremden aufzunehmen, verstoßen heißt, sich die Pforte zum Himmel zu verschließen und der Hölle verfallen zu sein (Mt 25,46).

Die Aufforderungen Jesu zur Gastfreundschaft haben an vielen Stellen im Neuen Testament deutlich nachgewirkt (Röm 12,13; Hebr 13,2; 1 Petr 4,9; 1 Tim 5,10). Da die Volkszugehörigkeit im Neuen Testament keine entscheidende Bedeutung mehr hatte, ging die Gastfreundschaft weit über die Familienangehörigen, Freunde und Volkszugehörigen hinaus. Sie wurde vor allem für die Missionstätigkeit der jungen Kirche wichtig. Jesus sagt über die Aufnahme der Boten des Evangeliums zu seinen Jüngern: »Wer euch aufnimmt, der nimmt mich auf, und wer mich aufnimmt, nimmt den auf, der mich gesandt hat« (Mt 10,40; Lk 10,16; Joh 13,20). So spielte die Gastfreundschaft für die Mission der jungen Kirche eine wichtige Rolle. Von der Bedeutung, die sie für die Missionsreisen des Paulus hatte, war schon die Rede. Von Petrus kann man Ähnliches sagen (Apg 9,32; 10,23.32.48).

Die frühchristlichen Zeugnisse zur Gastfreundschaft für Fremde sind zahlenmäßig wie inhaltlich überwältigend.[250] Nur ganz wenige Zitate sollen genannt werden. Ignatius von Antiochien berichtet von der Gastfreundschaft, die er in Syrien Stadt für Stadt erfahren hat (Ad Rom 9,3). Clemens von Alexandrien: »Du hast seinen Bruder gesehen, du hast deinen Gott gesehen« (Strom 1,94,5). Gastfreundschaft ist ein zentrales Thema bei Basilius; Gregor von Nazianz, Chrysostomos. Gregor von Nazianz: »Die Ehre des Schöpfers ist es, den Menschen zu lieben; die Ehre dessen, der sich selbst zum Bettler gemacht hat, ist die Fürsorge für die Bettler. Gastlich ist, wer sich bewusst bleibt, selbst ein Gast zu sein« (Poemica dogmatica et moralia 4,164–6). Ambrosius denkt für diesen Fall an eine Ausnahme vom Verbot der Veräußerung von Kirchengut. »Das Gold der Kirche ist nicht dazu da, gehortet zu werden, sondern um die Not der Bedürftigen zu lindern« (De officiis 86). Damit wird er Augustin zum Vorbild (Confessiones 6,3,3). Augustinus: »Der Fremde, den wir aufnehmen, ist unser Weggefährte, denn wir sind auf Erden alle nur Pilger. Der ist ein Christ, der erkennt, dass er auch im eigenen Hause und in seiner Heimat ein Fremder ist« (Sermo 111,2,2).

Die Gastfreundschaft zeichnete das Mönchtum von seinen frühesten Anfängen an aus. Die ausführlichen Regeln, die der heilige Benedikt in seiner Mönchsregel für die Aufnahme und Bewirtung der Gäste aufstellt, stehen in einer langen Mönchstradition und treffen dessen innersten Kern. Das gilt besonders für das bekannte Wort: »Alle Gäste, die zum Kloster kommen, sollen wie Christus aufgenommen werden« (Kap. 53).[251] Bekannt ist schließlich, wie der junge, aus Ungarn (heute Szombathely) stammende Martin, später Bischof von Tours, damals aber noch Katechumene, vor den Toren von Amiens die Hälfte seines Mantel mit einem frierenden Bettler teilt und wie ihm in der folgenden Nacht Christus bekleidet mit dem Mantel, den er dem Armen geschenkt hatte, erschienen ist.[252]

Gastfreundschaft ist ein Schlüsselwort der Bibel und ursprünglichste Tradition dessen, was man das christliche

Abendland nennt. Wer darum Fremdenfeindlichkeit und Abschottung predigt, um das christliche Abendland zu retten, der weiß nicht, was er sagt und wovon er redet; in Wirklichkeit macht er sich zum Totengräber des Abendlands. Die Willkommenskultur, für die sich viele katholische, evangelische und orthodoxe Christen einsetzen, ist Ausdruck der wahren abendländischen Tradition und Kultur. Niemand braucht sie nachträglich als naiv schlechtreden zu lassen. Von der Migration sind heute weltweit viele Millionen Menschen betroffen. Das ist für Christen eine Herausforderung, der sie sich stellen müssen, und zugleich ein Geschenk, in dieser Situation Gott und Jesus Christus, den wir allzu sehr vergessen haben, neu zu begegnen.

Die Aussagen der Bibel und der kirchlichen Tradition haben auch heute Geltung für die Christen und für die Kirche. Sie sollen sich von dieser ihrer Überzeugung auch in ihrer politischen Praxis inspirieren lassen und sie werbend in das gesellschaftliche Leben einbringen. Realistisch müssen sie aber sehen, dass sich die Überzeugung des christlichen Glaubens in einer pluralistischen Gesellschaft und in einem säkularen Staat nicht eins zu eins umsetzen lassen. Aufgabe des säkularen Staates ist es, inspiriert von der christlichen Sicht in eigener und eigenständiger Verantwortung klug und besonnen menschenwürdige Lösungen zu finden, die für alle Seiten recht und billig, zumutbar und erträglich sind. In einer globalisierten Situation, in welcher die Migration von vielen Millionen Menschen zu den »Zeichen der Zeit« gehört, wird es eine kurzfristige Gesamtlösung nicht geben können; wir können nur das uns heute und in unserer Situation Mögliche tun. Wir sollten uns aber bewusst sein, dass das Urteil der Geschichte und nicht zuletzt das Urteil beim Weltgericht über Europa und uns europäische Christen von heute von der Bereitschaft oder von der Verweigerung christlich inspirierter menschenwürdiger Lösungen abhängen wird.

VI
Ihr Freunde Gottes allzugleich

Freude, Kirche Jesu Christi zu sein

Als Gottesfreunde stehen wir persönlich vor Gott, aber wir stehen nie allein vor Gott. Der Kirchenschriftsteller Tertullian formulierte kurz und knapp sehr präzis: »Ein Christ ist kein Christ.«[253] Die Freundschaft mit Jesus und durch Jesus mit Gott schließt die Freundschaft der Gottesfreunde untereinander ein. Jesus schickt seinem Wort »Ihr seid meine Freunde« das andere voraus: »Bleibt in meiner Liebe«, und er fügt hinzu: »Liebt einander, so wie ich euch geliebt habe« (Joh 15,9.12).

Christsein und Kirchesein werden nicht durch die Aufnahme von freundschaftlichen Beziehungen unter Christen und durch ihren Zusammenschluss begründet. Sie haben ihren Grund in der gemeinsamen Berufung durch Jesus Christus, in seiner Lebenshingabe für »die vielen« , sowie darin, dass wir durch die eine Taufe »in Christus«, in seinem Leib, die Kirche, inkorporiert sind und im Heiligen Geist gemeinsam am Leben Gottes teilhaben (1 Kor 12,13). Die Kirche als Volk Gottes, Leib Christi und Tempel des Heiligen Geistes ist durch Tod und Auferstehung Jesu Christi und durch die

Sendung des Geistes gestiftet, und insofern ist sie Institution Jesu Christi.[254]

Die Kirche ist keine tote Institution im Sinn einer fix und fertig vorgegebenen Wirklichkeit und eines vom Klerus verwalteten Apparats; sie ist als Institution gleichsam Sakrament, das ist Zeichen und Werkzeug des Heiligen Geistes; er ist gleichsam die Seele, das heißt das Lebensprinzip der Kirche.[255] Der Geist Gottes wird bei der Taufe und deren Vollendung in der Firmung allen Gliedern der Kirche zuteil. Alle sind darum berufen und begabt, lebendige Glieder der Kirche zu sein und das Leben der Kirche mitzutragen und mitzugestalten. An die Kirche glauben heißt darum, an den Heiligen Geist in der Kirche glauben.[256] In diesem Sinn müssen wir den bereits zitierten Satz Augustinus über den Glauben weiterführen: An Gott glauben (*credere in Deum*) und Gott glauben (*credere Deo*) wie in liebendem Glauben den Weg zu Gott gehen (*in Deum ire*) bedeutet zugleich, den Gliedern des vom Heiligen Geist erfüllten Leibes Christi eingegliedert zu werden (*membris suis incorporari*).[257]

So ist die Kirche einerseits Institution, die dem einzelnen Gläubigen vorgegeben ist; man kann die Kirche nicht immer wieder neu erfinden. So wie wir überzeugt sind, dass der Geist in der Kirche heute am Werk ist, so müssen wir überzeugt sein, dass er in der Vergangenheit ebenfalls am Werk war. Beides zusammen bedeutet: Die Kirche ist uns vorgegeben und zugleich aufgegeben. Sie ist Institution und Leben.[258] Wäre sie nur Institution, würde sie zu einem starren toten Skelett; wäre sie nur Leben, würde sie form- und gestaltlos, sie würde sich auflösen und auseinanderfallen. Als vom Geist beseelte Institution ist sie vom Geist Gottes geleitetes Zusammenspiel von beidem, oder wie man heute sagt: Sie ist Kirche von oben wie Kirche von unten. Das Zusammenspiel beider Aspekte lässt sich weder institutionell noch sozusagen basisdemokratisch in Griff nehmen und regulieren.[259] Die Identität der Kirche durch die Zeiten hindurch (diachron) wie in der jeweiligen Zeit (synchron) ist letztlich Werk des der Kirche bis ans Ende der Zeit verheißenen und in ihr wirksamen Heiligen Geistes.

Der Brief an die Epheser bringt in geradezu hymnischer Weise die Freude über diese Gliedschaft in der Kirche als Frucht der Erlösung und Werk des Heiligen Geistes zum Ausdruck: »Gepriesen sei der Gott und Vater unseres Herrn Jesus Christus. Er hat uns mit allem Segen seines Geistes gesegnet durch unsere Gemeinschaft mit Christus im Himmel. Denn in ihm hat er uns erwählt vor der Grundlegung der Welt, damit wir heilig und untadelig leben vor ihm. Er hat uns aus Liebe im Voraus dazu bestimmt, seine Söhne zu werden durch Jesus Christus und zu ihm zu gelangen nach seinem gnädigen Willen, zum Lob seiner herrlichen Gnade. Er hat sie uns geschenkt in seinem geliebten Sohn. In ihm haben wir die Erlösung durch sein Blut, die Vergebung der Sünden nach dem Reichtum seiner Gnade. Durch sie hat er uns reich beschenkt, in aller Weisheit und Einsicht, er hat uns das Geheimnis seines Willens kundgetan, wie er es gnädig im Voraus bestimmt hat in ihm. Er hat beschlossen, die Fülle der Zeiten heraufzuführen, das All in Christus als dem Haupt zusammenzufassen, was im Himmel und auf Erden ist, in ihm. In ihm sind wir auch als Erben vorherbestimmt nach dem Plan dessen, der alles so bewirkt, wie er es in seinem Willen beschließt; wir sind zum Lob seiner Herrlichkeit bestimmt, die wir schon früher in Christus gehofft haben. In ihm habt auch ihr das Wort der Wahrheit gehört, das Evangelium von eurer Rettung; in ihm habt ihr das Siegel des verheißenen Heiligen Geistes empfangen, als ihr zum Glauben kamt. Der Geist ist der erste Anteil unseres Erbes, hin zur Erlösung, durch die ihr Gottes Eigentum werdet, zum Lob seiner Herrlichkeit« (Eph 1,3–14).

Ähnlich heißt es im Kolosserbrief: »Dankt dem Vater mit Freude! Er hat euch fähig gemacht, Anteil zu haben am Los der Heiligen, die im Licht sind. Er hat uns der Macht der Finsternis entrissen und aufgenommen in das Reich seines geliebten Sohnes. Durch ihn haben wir die Erlösung, die Vergebung der Sünden« (Kol 1,12–14).

Der ganze erste Petrusbrief ist eine Taufkatechse und deutet aus, was es bedeutet, in die Kirche aufgenommen zu sein. Bekannt ist vor allem das zweite Kapitel, in dem von der Kirche als Volk Gottes und vom gemeinsamen Priestertum aller Getauften die Rede ist. »Lasst euch als lebendige Steine zu einem geistigen Haus aufbauen, zu einer heiligen Priesterschaft, um durch Jesus Christus geistige Opfer darzubringen, die Gott gefallen! ... Ihr aber seid ein auserwähltes Geschlecht, eine königliche Priesterschaft, ein heiliger Stamm, ein Volk, das sein besonderes Eigentum wurde, damit ihr die großen Taten dessen verkündet, der euch aus der Finsternis in sein wunderbares Licht gerufen hat. Einst wart ihr kein Volk, jetzt aber seid ihr Gottes Volk; einst gab es für euch kein Erbarmen, jetzt aber habt ihr Erbarmen gefunden« (1 Petr 2,5–10).

Für Paulus sind seine Gemeinden eine Quelle der Freude. Sie sind seine Freude und sein Ehrenkranz (1 Thess 1,2–7; 2,13–20; 3,6–10).[260] Sie sind die leibhaftig gewordene Bestätigung, dass sein Wort wirksam geworden ist und seine Hoffnung nicht trügt. So sollen auch die Christen aneinander Freude haben (Phil 2,27). Der Apostel und die Gemeinden sollen sich gegenseitig Trost sein

(2 Kor 1,3–7); einer soll des anderen Last tragen (Gal 6,2). Wenn ein Glied leidet, leiden alle Glieder mit. Wenn ein Glied geehrt wird, freuen sich alle Glieder mit (1 Kor 12,26). Paulus selbst will Diener der Freude für seine Gemeinden sein (2 Kor 1,24), wie auch umgekehrt die Gemeinden seine Freude sind.

Die Freude und der Jubel tönt in den Schriften der frühen Kirche und der Kirchenväter fort.[261] Sie sprechen nicht von irgendeiner Kirche, sondern von der konkreten, im ursprünglichen Sinn des Wortes verstandenen katholischen Kirche. Das sind keine hymnischen lyrischen Ergüsse einzelner begeisterter Theologen. Dieselbe Freude klingt nach in vielen Kirchenliedern, aus denen nicht nur einzelne Begeisterte sprechen, in denen sich vielmehr das Volk Gottes singend ausdrückt. Es genügt, nur die Anfänge der jeweils ersten Strophe zu zitieren: »Gott ruft sein Volk zusammen« (GL 477), »Ein Haus voll Glorie schauet« (GL 478), »Eine große Stadt entsteht« (GL 479), »Die Kirche steht gegründet allein auf Jesus Christ« (GL 482), »Dank sei dir, Vater, für das ewge Leben« (GL 484), »Nun singe Lob, du Christenheit« (GL 487), »Lasst uns loben, freudig loben Gott den Herrn, der uns erhoben« (GL 489).

Das Zweite Vatikanische Konzil hat den Ton der Freude neu zum Klingen gebracht. Bereits die prophetische Eröffnungsrede von Papst Johannes XXIII. am 11. Oktober 1962 hat den Ton vorgegeben. Die Rede begann mit den Worten *Gaudet mater Ecclesia.* »Es freut sich die Mutter Kirche.« Mit dieser Rede hat der Papst eine neue Epoche der Kirchengeschichte eingeleitet. Die Pastoralkonstitution *Gaudium et spes,* »Freude und Hoffnung«, hat das Thema der Freude aufgegriffen, es weit über die Konfessionsgrenzen hinausgetragen und die mit der Hoffnung verschwisterte Freude zu einem ökumenischen Thema gemacht. Diese Freude sollen wir in eine verängstigte, krisengeschüttelte Welt ausstrahlen. Nach Papst Franziskus ist die Freude die Kennkarte, die *identity card* des Christen.

Zehn Jahre nach Konzilsende hat Paul VI. zum Abschluss des Heiligen Jahres 1975 das Thema der Freude in dem Apostolischen Schreiben *Gaudete in Domino*, »Freut euch im Herrn«, nochmals aufgegriffen und betont: »Die Freude ist die Grundlage unserer letzten und höchsten Botschaft: Christus ist die Freude.« Ebenso spielte in vielen Äußerungen von Papst Johannes Paul II. die Freude eine bedeutsame Rolle.[262] Papst Benedikt XVI. hat im Anschluss an Phil 4,4 die Botschaft von der Freude zum Thema des Weltjugendtags 2012 gemacht.[263]

Papst Franziskus hat die Botschaft der Freude schon in seinem ersten programmatischen Apostolischen Schreiben *Evangelii gaudium*, »Die Freude des Evangeliums« (2013), als Antwort auf die Krise der Kirche und einer manchmal in Angst versinkenden Welt neu aufgegriffen.[264] »Wir müssen die Freude zurückgewinnen. Sie ist Eintrittskarte ins Paradies.« In *Amoris laetitia* (2016) hat der Papst die »Freude der Liebe« thematisiert und die Freude vermiesenden verengten Vorstellungen über Sexualität und Eros zu überwinden gesucht. Die kirchliche Erneuerung, die dieses Pontifikat will, besteht nicht vor allem in strukturellen Reformen, sosehr diese nötig sind, sondern in der Erneuerung der Botschaft von der Freude und einer neuen Freude am Christsein und am Kirchesein.

Das Konzil löste eine Begeisterung aus, die heute insbesondere jungen Menschen kaum mehr vermittelbar ist. Das Konzil brachte die Bedeutung des Wortes Gottes, die Feier der Liturgie in der Muttersprache, das gemeinsame Priestertum aller Christen, die Sendung und Mitverantwortung der Laien, die ökumenische Öffnung, die Religionsfreiheit und die Öffnung zur heutigen Welt. Die Entdeckung des ökumenisch gemeinsamen Christseins aufgrund der einen Taufe, durch die wir, wenngleich nicht in voller Gemeinschaft, schon jetzt gemeinsam Kirche Jesu Christi sind, machte es möglich, dass wir 2017 das 500-jährige Reformationsgedenken als Christusfest gemeinsam feiern konnten.

Gewiss, es sind nicht alle Erwartungen in Erfüllung gegangen. Aber es ist eine Frage der Perspektive, ob man positiv gestimmt sagt: Das Glas ist halb voll, oder ob man freudlos nörgelnd feststellt: Es ist halb leer. Realistisch wird man sagen müssen: Auch in der Kirche wird es nach Festtagen immer wieder Alltag. Konzilien sind außerordentliche Ereignisse im Leben der Kirche; sie sind Jahrhundertereignisse. Auf die Definition der Lehre und der pastoralen und disziplinären Wegweisungen muss jeweils die Rezeption im Leib der Kirche und ihrer Glieder erfolgen.[265] Auch die Rezeption ist als Aneignung und Verwirklichung eines Konzils und seine Übersetzung ins kirchliche Leben ein Werk des Heiligen Geistes. Sie ist nicht erst beim Zweiten Vatikanischen Konzil, sie war schon bei allen wichtigen Konzilien der Kirchengeschichte ein langer und oft schwieriger Prozess. Auch außerhalb der Kirche brauchen große Ideen ähnlich wie die Früchte des Feldes Zeit, um zu wachsen und zu reifen. Bisher haben wir das letzte Konzil zu wichtigen Teilen aber längst nicht voll rezipiert und umgesetzt.[266] Und auch wenn das der Fall wäre, hätten wir damit die Erneuerung und Reform der Kirche nie einfach hinter uns; die Kirche bedarf in dieser Welt ständig der Erneuerung und der Reform, und die an Haupt und Gliedern. Sie wird immer Kirche auf dem Weg sein.[267]

Oft ist es nicht allein und manchmal auch nicht in erster Linie die »böse Welt«, welche die Erneuerung behindert; die Welt reicht auch in die Kirche selbst herein. So wird der lebendige Geist Gottes, wie schon Alfred Delp beklagte, erstickt im Ungeist bürgerlichen Sicherheitsstrebens und ängstlicher Absicherungen wie in einem Übermaß bürokratischer Organisation, die dem Leben und dem Geist keinen Spielraum lässt und alles im Griff und unter Kontrolle zu halten versucht.[268] Darum müssen wir unnötigen Ballast abwerfen, um frei zu werden für die Anregungen des Geistes, und ihm mehr Raum schaffen in der Kirche. Das geht nicht ohne Dialog, oft auch nicht ohne Auseinandersetzungen und am Ende oft nicht ohne verantwortbare Kompromisse. Denn nicht jeder Kompromiss ist auch ein fauler Kompromiss; es gibt auch den intelligenten und klugen Kompromiss, der das, was wesentlich ist, festhält und dann Raum lässt für weitere Klärung und für legitime Vielfalt.

Nicht nur das Leben des einzelnen Christen, auch die Geschichte der Kirche ist ein oft steiniger Weg, besser ausgedrückt: eine Wallfahrt. Auch eine Wallfahrt kann streckenweise anstrengend und ermüdend sein. Ein Psalm unter den vielen Wallfahrtspsalmen spricht vom Ziehen durch das trostlose Tal; dann aber sagt er sogleich, dass dieses trostlose Tal zum Quellgrund wird und der Frühregen es in Segen hüllt (Ps 84,7). Der wichtigste der Wallfahrtspsalmen sagt daher: »Ich freute mich, als man mir sagte: Zum Haus des HERRN wollen wir gehen« (Ps 122,1). Darum ist es gut, dass wir, besonders viele junge Christen, das Wallfahren neu entdeckt haben. An den großen Wallfahrtsorten der Christenheit, bei den Weltjugendtagen und ähnlichen Gelegenheiten kann man erleben, dass viele Früchte des Konzils bereits herangereift sind und dass die Wallfahrt der Völker, von der die Propheten reden (Jes 2,2–5; Mi 4,1–3), schon begonnen hat. Bei solchen Begegnungen kann man vor Freude dankbar erleben, Glied der Kirche zu sein und der weltweiten Gemeinschaft des einen Volkes Gottes aus vielen Völkern anzugehören.

Konflikte und Skandale in der Kirche

Mancher wird, wenn er von Freude in der Kirche und an der Kirche hört, müde abwinken und an unschöne Auseinandersetzungen und Skandale in der Kirche erinnern. Sie gibt es in der Tat, und sie gibt es nicht erst heute. Zu kirchlichem Triumphalismus ist kein Anlass. Die Kirche ist wahrlich nicht immer ein »Haus voll Glorie« (GL 478). Schon bei der Urkirche kann man vor einer Idealisierung nur warnen. Schon damals gab es Skandale, Auseinandersetzungen und Kräche.[269] Selbst unter den Aposteln, vor allem zwischen Petrus und Paulus, hat es zeitweise Streit gegeben (Gal 2), und Paulus findet es nicht ohne Grund schlimm, wenn Christen statt einander geduldig zu ertragen, wie er drastisch formuliert, einander beißen und fressen (Gal 5,15). In den späteren Schriften des Neuen Testaments nehmen Auseinandersetzungen mit Irrlehren einen breiten Raum ein.[270] Dabei wurde schon damals ein überaus harter und harscher Ton angeschlagen, wie man ihn dann in der weiteren Kirchengeschichte bei Auseinandersetzungen leider allzu oft findet.

Auch Christen, die wir heute als Heilige verehren, haben zu ihrer Zeit mit der amtlichen Kirche ihrer Zeit zeitweise ihr liebe Not gehabt. Man denke an die heilige Hildegard von Bingen, die sich weigerte, einer Anordnung des Erzbischofs von Mainz zu folgen, und dafür für sich und ihr Kloster das Interdikt, das heißt das Verbot der Feier der Liturgie und der Sakramente, auf sich nahm. Auch der Gründer des Jesuitenordens, der heilige Ignatius von Loyola, musste sich mehrfach vor der Inquisition rechtfertigen. Ganz zu schweigen von Jeanne d'Arc, der Jungfrau von Orléans; sie wurde von einem parteiisch und politisch besetzten Kirchengericht 1431 zum Tod auf dem Scheiterhaufen verurteilt; 1920 wurde sie als Märtyrerin heiliggesprochen. Die Beispiele ließen sich leicht vermehren.

Andererseits haben auch große Mystiker und Heilige schlimme Zustände in der Kirche hart kritisiert. Luther war nicht der Erste, der die Kirche mit der Hure Babylon aus dem 17. und 18. Kapitel der Offenbarung des Johannes verglich.[271] Manche Kirchenväter,[272] Bernhard von Clairvaux,[273] Hildegard von Bingen,[274] Katharina von Siena,[275] Dante[276] und viele andere waren im Blick auf manche Zustände in der Kirche ebenfalls nicht zimperlich. Die Kirche ist, wie wir im Credo sagen, die eine heilige Kirche; sie ist der Leib und die Braut Christi, der Tempel des Heiligen Geistes. Dazuzugehören ist Grund zur Freude. Gleichzeitig muss man aber feststellen, dass zur Kirche auch Sünder gehören,[277] und das bis in die obersten Ränge; andernfalls würden auch wir selbst nicht dazugehören. So kann die Kirche statt die Züge der reinen Braut Christi auch Züge einer treulosen Dirne annehmen.[278] Manche meinen, es sei das beste Zeichen für die

Wirksamkeit des Heiligen Geistes in der Kirche, dass sie trotz allen Skandalen bis heute besteht und sich immer wieder erneuert.

Sicher kann man die Kirchengeschichte nicht einfach als Kriminal- und Skandalgeschichte darstellen, aber sie ist auch nicht nur eine Heiligengeschichte, sondern war oft auch eine Konfliktgeschichte, und sie ist es auch heute wieder. Nicht erst nach dem Zweiten Vatikanischen Konzil, nach allen großen Konzilien gab es Auseinandersetzungen um deren rechte Interpretation. Das erste allgemeine Konzil in Nikaia (325) hat gegen die Irrlehre des Arius das Bekenntnis zur wahren Gottheit Jesu Christi gelehrt, das bis heute in allen Kirchen des Ostens und des Westens grundlegend ist. Doch damals, kaum war das Konzil vorbei, kam es zum wohl größten Streit der Kirchengeschichte, der Hieronymus zu dem Ausruf veranlasst hat: »Der Erdkreis erwacht und merkt, dass er arianisch geworden ist.« Nach dem vierten allgemeinen Konzil in Chalkedon (451), das lehrte, dass Jesus Christus wahrer Mensch und wahrer Gott in einer Person ist, ging es nicht besser. Nach dem Konzil kam es zu der bis heute andauernden Abspaltung der orientalisch-orthodoxen Kirchen (Kopten, Syrer, Äthiopier, Armenier), mit denen wir uns heute in brüderlichen Dialogen um ökumenische Annäherung bemühen.

Wo Abweichungen von der Wahrheit des Evangeliums, bösartiger Streit und schlimme Skandale in der Kirche sind, kann man selbstverständlich nicht einfach darüber hinweggehen und den Mantel einer falsch verstandenen Barmherzigkeit oder einer fehlgeleiteten Apologetik darüberbreiten. Da ist zur rechten Zeit, am rechten Ort und in der rechten

Form ein deutliches Wort nötig. Doch wir sollten das in einer Weise tun, wie es sich für Christen geziemt. Man soll sich ehrlich mit der Situation auseinandersetzen, aber – und das ist entscheidend – man muss sich auseinandersetzen, indem man sich zusammensetzt. Es gilt, die Wahrheit in der Liebe zu tun (Eph 4,15). Damit der andere die Kritik ohne öffentlichen Gesichtsverlust annehmen kann, muss der Freimut mit Demut gepaart sein. Das schließt Selbstgerechtigkeit und Rechthaberei ebenso aus wie arrogante Besserwisserei. Man soll, so sagt Jesus, nicht nur den Splitter im Auge des anderen, sondern auch und zuerst den Balken im eigenen Auge sehen (Mt 7,3).

Im 18. Kapitel des Matthäusevangeliums findet sich dazu eine alte Gemeinderegel, die sagt, wie man mit fehlenden Brüdern verfahren soll: »Wenn dein Bruder gegen dich sündigt, dann geh und weise ihn unter vier Augen zurecht! Hört er aber nicht auf dich, dann nimm einen oder zwei mit dir … Hört er auch auf sie nicht, dann sag es der Gemeinde!« (Mt 18,15–17).

Damit ist ein klarer Instanzenweg vorgezeichnet, der ausschließt, den anderen öffentlich zu beschämen und die Auseinandersetzung auf dem offenen Markt (heute: in den Massenmedien) auszutragen und damit einen öffentlichen Skandal zu inszenieren. Im Gegenteil, die zitierte Gemeinderegel folgt im Evangelium auf das Gleichnis vom verlorenen Schaf, das sich verirrt hat und zur Herde zurückgetragen wird. Der Regel schließt sich dann eine Ermahnung zum Gebet und die Verheißung der Erhörung des Gebets an. Entsprechend diesem Kontext ist das Ziel der Gemeinderegel nicht der Ausschluss (Exkommunikation), sondern eine geistliche, vom Gebet begleitete Lösung, die auf Vergebung und Versöhnung bedacht ist.[279]

In einem ersten Schritt soll die Lösung in einem Gespräch in *camera caritatis* unter vier Augen durch brüderliche Ermahnung geschehen. Wenn dabei die Versöhnung nicht gelingen sollte, soll die Angelegenheit in einer Gruppe (eventuell von erfahrenen sachverständigen Leuten) mit dem Betroffenen besprochen werden. Wieder ist von Öffentlichkeit nicht die Rede. Erst im äußersten Fall soll man die Angelegenheit vor die Gemeinde bringen. Der Text spricht dabei nicht ausdrücklich von Amtsträgern, wie das in einschlägigen Parallelstellen der Fall ist (Mt 16,19; Joh 20,23) und wie es die Kirche später verstanden hat. Der Text selbst setzt eine kleine überschaubare Gemeinschaft voraus und nicht die heutigen Großkirchen. In ihnen sollen nicht selbsternannte Glaubenswächter entscheiden, sondern die in der Kirche Zuständigen. Sie haben das Recht und auch die Pflicht, zu binden und zu lösen, das heißt aus der Gemeinschaft auszuschließen und nach einer Zeit der Besinnung den Bann wieder zu lösen und den Bruder, die Schwester, die gefehlt haben, wieder in die Gemeinde aufzunehmen. Der Ausschluss ist demnach eine Maßnahme auf Zeit, um den Schuldigen Zeit zur Besinnung und zur Umkehr zu geben. Die brüderliche Ermahnung soll nicht den Sieg der eigenen Meinung, sondern das Heil des Bruders zum Ziel haben.

Ignatius von Loyola stellte am Anfang seines Exerzitienbüchleins eine weitere Regel auf: »Jeder gute Christ soll mehr bereit sein, eine Aussage des Nächsten zu retten, als sie zu verdammen. Vermag er sie aber nicht zu retten, so forsche er nach, wie jener sie versteht, und wenn er sie übel versteht, so verbessere er ihn mit Liebe, genügt das aber nicht, so suche er alle passenden Mittel, dass jener, sie richtig verstehend, sich rette.«[280] Das ist eine nicht unwichtige hermeneutische Regel. Man soll sich nicht in leeren Streit um Wörter verstricken, sondern fragen, wie die Worte jeweils gemeint sind, und dabei nicht den Irrtum, sondern den guten Willen unterstellen und fremde, ungewohnte, vielleicht auch nicht ganz glückliche Formulierungen positiv zu interpretieren versuchen.

Folgt man diesen Regeln, dann gilt, dass jeder Beschuldigte vor einer Verurteilung anzuhören ist; es gilt ebenso, dass jedes Verfahren wohlwollend, barmherzig und versöhnungsorientiert zu geschehen hat. Das setzt die Kooperationsbereitschaft auch auf der anderen Seite voraus. Was sich dagegen derzeit in manchen Medien und auf manchen Websites abspielt, wo Einzelne sich als Superlehramt aufspielen und sich als Richter auch über den Papst erheben, dabei oft mit Unterstellungen und Verdrehungen arbeiten, macht fassungslos. Das ist kein Einstehen für die Wahrheit, das ist Lust an der Selbstdemontage und an der Selbstzerstörung der Kirche, ein Verhalten, das weder aus Glaubensfreude kommt noch zu Glaubensfreude führt, das vielmehr nach innen Streit und Verdruss und nach außen Schadenfreude bewirkt. Wirklich brüderliche Zurechtweisung sieht anders aus. Der zweite Brief des Paulus an die Korinther ist dann ein Musterbeispiel dafür, wie man nach solchen Auseinandersetzungen Versöhnung stiften kann.[281]

Hätte man im 16. Jahrhundert auf berechtigte Forderungen nach damals bitter notwendigen Reformen rechtzeitig gehört und auf beiden Seiten weniger rechthaberisch und polemisch miteinander gesprochen, dann hätte man sich die Reformation und viel Unheil, das danach gekommen ist, ersparen können. Als das Konzil von Trient dann endlich zusammentrat, war es definitiv zu spät. Zum Glück gibt es auch andere Beispiele. Im Gnadenstreit am Ende des 16. und zu Beginn des 17. Jahrhunderts, der »größten dogmatischen Kontroverse« (H. Jedin), ging es um das Verhältnis von Gnade und menschlicher Freiheit. Nach langen Verhandlungen hat Papst Paul V. im Jahr 1606 die Streitfrage offengelassen. Auf dem Boden des gemeinsam anerkannten Dogmas hat er die berechtigten Anliegen beider Seiten anerkannt und nur die gegenseitige Verketzerung verboten.[282] Die Fragen von damals sind heute nicht überholt; aber sie stellen sich heute neu und anders.[283] Das zeigt, dass man manche hochgespielte Fragen auch einmal eine Zeit lang offen und die Lösung in Ruhe reifen lassen kann. Damit ist nicht nur der sachgemäßen weiterführenden theologischen Diskussion, sondern vor allem dem Frieden und der Freude in der Kirche am besten gedient.

Lob der Freundschaft

Es ist eine alte Weisheit, dass man im Leben Freunde braucht. Geteiltes Leid ist halbes Leid, geteilte Freude doppelte Freude. Besonders in schwierigen Situationen braucht man auch in der Kirche Freunde, bei denen man sich offen aussprechen kann, die einen guten Rat geben, trösten und einen nach Kräften unterstützen. Oft können solche Freundeskreise auch kirchliche Erneuerungsbewegungen vorbereiten und inspirieren.

Schon in der Antike war die Freundschaft hoch geschätzt.[284] Aristoteles hat die Bedeutung des freigewählten Bündnisses Gleichgesinnter für den Bestand der Polis als unverzichtbar herausgestellt.[285] Cicero hat dieses Verständnis weiterentwickelt. Wie bei Aristoteles ist auch bei ihm Tugend Voraussetzung der Freundschaft. Freundschaft besteht nach Cicero in der Übereinstimmung in allen göttlichen und menschlichen Dingen und ist mit Wohlwollen und Liebe gepaart. Sie erst macht das Leben lebenswert, und sie ist abgesehen von der Weisheit das Beste, das den Menschen von den Göttern gegeben wurde.[286] Augustinus hat während der Zeit, in der er nach seiner Taufe in einem Freundeskreis in Cassiciacum bei Rom lebte, in dieses Lob der Freundschaft eingestimmt.[287]

Aus dem Alten Testament kennen wir die Jugendfreundschaft zwischen dem jungen David und Jonatan, dem Sohn seines Gegenspielers Saul. Bewegend ist die Totenklage Davids bei Jonatans Tod (1 Sam 18–20; 2 Sam 1,17–27). Beim alttestamentlichen Prediger lesen wir: »Ein treuer Freund ist ein starker Schutz, wer ihn findet, hat einen Schatz gefunden. Für einen treuen Freund gibt es keinen Gegenwert, seine Kostbarkeit lässt sich nicht aufwiegen. Ein treuer Freund ist eine Arznei des Lebens, und es werden ihn finden, die den Herrn fürchten. Wer den Herrn fürchtet, hält aufrechte Freundschaft, denn wie er selbst, so ist auch sein Nächster« (Sir 6,14–17).

Das Neue Testament berichtet von der Gestalt des Jüngers, den Jesus liebte und der beim Letzten Abendmahl an seiner Brust ruhte (Joh 13,23): Er hat auch unter dem Kreuz keinen Reißaus genommen, sondern hat zusammen mit Maria, der Mutter Jesu, in Treue standgehalten (Joh 19,26 f). Wir hören von der Freundschaft Jesu mit Lazarus. In seinem Haus in Betanien pflegte Jesus freundschaftlichen Kontakt mit ihm und seinen beiden Schwestern Maria und Marta (Joh 11,3.5.11.36). Über die Beziehung Jesu zu Maria von Magdala ist schon viel, oft allzu fantasievoll und auch banal, spekuliert worden. Eine tiefe innere freundschaftliche Verbundenheit von Nähe und Distanz (*Noli me tangere!*) kann man den neutestamentlichen Texten durchaus entnehmen (Lk 8,2; Mk 15,40 par; Joh 19,25; Mk 18,1–8 par; Joh 20,1–10).

Nie war die Kirche (außer in den Köpfen mancher klerikaler Ideologen) nur Institution, die hierarchisch strukturiert und weltweit territorial in Diözesen und Pfarreien gegliedert ist. Im Neuen Testament finden wir neben der Orts- und Universalkirche auch Kirchen im Sinn von Hauskirchen.[288] Nach dem Bericht der Apostelgeschichte war die junge Kirche hausweise (κατ οικον) organisiert (Apg 2,46; vgl. 5,42). Sie hatten alles gemeinsam, brachen in ihren Häusern miteinander Brot und hielten miteinander Mahl in der Freude und Einfalt des Herzens (Apg 2,44–46). Sie waren alle ein Herz und eine Seele (Apg 4,32). Auch in den Paulusbriefen wird der Begriff Kirche (εκκλησια) öfters auf die Hausgemeinden angewandt (1 Kor 16,19; Phlm 2; Kol 4,15).

Das Konzept der Hauskirche hat sich später vor allem in Verfolgungszeiten bis in die Gegenwart durchgehalten und bewährt. Wir finden dieses Konzept außerdem noch in manchen Freikirchen. Das Zweite Vatikanische Konzil hat die Hauskirche wieder neu entdeckt.[289] Die antike Bezeichnung »Haus« darf freilich nicht auf unsere heutige Kernfamilie bezogen werden. Das antike Haus bestand nicht nur aus Familienmitgliedern, die man heute als Kernfamilie bezeichnen würde; dazu gehörten auch im Haus lebende andere Verwandte, dem Haus verbundene Freunde, durchreisende Gäste und die Sklaven, heute: die Dienerschaft oder die Angestellten. Wie der Philemon-Brief zeigt, wurden die christlich gewordenen Sklaven in den Freundeskreis als Brüder aufgenommen. Damit wurden die Standesunterschiede von innen her relativiert und mit der Zeit überwunden. Auch die damals üblichen Geschlechterrollen änderten sich. In vielen Hausgemeinden spielten Frauen eine maßgebende Rolle. Das mag dazu beigetragen haben, dass das frühe Christentum für höhergestellte Frauen beträchtliche Anziehungskraft hatte.

Die in diesem weiteren Sinn verstandene Hauskirche war der Versammlungsort der Gemeinde. Sie trug Züge eines Freundes- und Bekanntenkreises. Heute ist dieses Konzept in vielen jungen Kirchen in den kleinen christlichen Gemeinschaften, oft Basisgemeinschaften genannt, offizielles pastorales Programm. Es könnte auch in unserer wachsenden Diasporasituation zukunftsweisend sein.[290] Überall, wo zwei oder drei in Jesu Namen beisammen sind, ist Jesus mitten unter ihnen (Mt 18,20).

In den Ordensgemeinschaften und in den ihnen assoziierten Laiengemeinschaften (Oblaten, Franziskanische Gemeinschaft, Gemeinschaft christlichen Lebens und andere), in Bruderschaften, Gilden, kirchlichen Verbänden (etwa Kolping-Gemeinschaft), Kommunitäten, Basisgruppen, Neuen Geistlichen Gemeinschaften leben diese Freundeskreise bis heute in neuer Form weiter. Oft wurden und werden sie etwas scheel angesehen und als Gefahr für die Einheit betrachtet; oft waren und sind sie aber auch Ausgangspunkt und Motor kirchlicher Erneuerung.

Nach der inneren »Auszehrung« des Glaubens in der Aufklärung, den Verwüstungen der Französischen Revolution und den napoleonischen Kriegen wie dem Kahlschlag der Säkularisation mit der Aufhebung von Klöstern und kirchlichen Einrichtungen am Ende des 18. und zu Beginn des 19. Jahrhunderts waren es Freundeskreise, welche aus dem Geist der Romantik ein neues Erwachen der katholischen Kirche vorbereitet und eingeleitet haben: in Wien in dem Kreis um Clemens Maria Hofbauer und Friedrich Schlegel, in Münster um die Fürstin Amalie Gallitzin mit Bernhard Overberg und Franz von Fürstenberg, in Landshut im Kreis um Johannes Michael Sailer, von dem ein Münchner Kreis mit Joseph Görres, Franz von Bader und dem jungen Ignaz von Döllinger ausging. Auch die Gründergestalt der Katholischen Tübinger Schule, Johann Sebastian Drey, war von Sailer inspiriert; eine weit über Deutschland hinausreichende Ausstrahlung hatte die Tübinger Schule durch Johann Adam Möhler, den man zu den Wegbereitern des Zweiten Vatikanischen Konzils rechnen darf. In allen diesen Kreisen gab es schon damals Freundschaften mit maßgebenden evangelischen Christen. Mehr straff kirchlich, an Rom orientiert war der Mainzer Kreis um Franz Leopold Liebermann. Ähnliche Kreise gab es in Frankreich und in Italien, dort etwa um den inzwischen seliggesprochenen Antonio Rosmini.[291] Auch die Liturgische Bewegung, die Bibelbewegung und die ökumenische Bewegung des 20. Jahrhunderts, die im Zweiten Vatikanischen Konzil reiche Früchte getragen haben, hatten ihre Ursprünge in kleinen Gruppen und Kreisen, die sich oft im Umkreis einzelner Klöster bildeten.

In dem Maße, wie in einer differenzierter und pluralistischer gewordenen Gesellschaft die naturwüchsigen und institutionellen Bedingungen abnehmen, muss sich der Einzelne seine Um- und Mitwelt selbst gestalten und sich einen Kreis von Freunden aufbauen. Die Mobilität und Instabilität der Lebensverhältnisse hat solche Freundschaften sehr oft weniger dauerhaft gemacht, als sie es etwa zur Zeit der Romantik waren. Versuche, sich durch ein Facebook-Profil eine mediale Identität zu geben und Freunde im Sinn von *Followers* zu finden, sind vollends schnelllebig und oberflächlich. Es bedarf der Freundeskreise, die von gemeinsamen Überzeugungen und Werten getragen sind. Angesichts der Entchristlichung und Entkirchlichung in der Gesellschaft kommt Freundschaften und Freundeskreisen unter Christen besondere Bedeutung zu. Als Christ kann man in einer säkularisiert gewordenen Gesellschaft normalerweise nicht als »einsamer Wolf« existieren und allein auf sich gestellt gegen den Trend »anglauben«. In einer Situation, in welcher die Kirche ihre Präsenz in der Fläche verdünnt und die Pfarreigliederung in Pfarreiverbänden und Großpfarreien großräumiger wird, muss es, soll die Präsenz vor Ort nicht rein administrativ-formeller Art sein, um der Zukunftsfähigkeit der Kirche willen in Freundschaften, in Haus- und Freundeskreisen unterschiedlichster Art neue Formen der Beheimatung in der Kirche vor Ort geben. Das ist vor allem für Jugendliche in dem Alter wichtig, in dem sie der Familie entwachsen und beginnen, sich im Leben selbst zu orientieren. In dieser Orientierungsphase hängt vieles davon ab, in welchen Kreis von Gleichaltrigen sie hineinwachsen.

Zwischen den beiden Weltkriegen und nach dem Zweiten Weltkrieg waren die Jugendbünde wichtig, die nach dem Ersten Weltkrieg, in dem das alte bürgerliche Europa zusammenbrach, aus dem Geist der Jugendbewegung entstanden und die nach einem neuen wahrhaftigen Lebensstil suchten (Quickborn, Neudeutschland, Heliand und andere). Wichtige Anstöße verdankten wir damals den Schriften von Romano Guardini.[292] Diese Bünde erlebten nach dem Zweiten Weltkrieg eine bedeutsame Nachblüte. In ihnen hat meine Generation Lebensorientierung, Beheimatung in der Kirche und Begeisterung für die Kirche erfahren. Auseinandersetzungen und Kräche mit manchen Pfarrern hat es auch damals gegeben. Diese Jugendbünde haben unseren Lebensweg und weithin auch unseren Lebensstil geprägt. Sie hatten keine geringe Ausstrahlung auf Gesellschaft, Kultur und Kirche. Ihre Strahl- und Prägekraft ist auch dort, wo sie noch existieren, inzwischen wesentlich schwächer geworden. Die nachkonziliaren Neuen Geistlichen Bewegungen – Fokolar-Bewegung, Sant'Egidio, Gemeinschaft Chemin neuf (neuer Weg), Schönstatt und andere – haben die entstandene Lücke teilweise füllen können.

Die kirchliche Jugendpastoral steht heute vor großen Herausforderungen, jungen Menschen ihre persönliche Berufung finden zu helfen, ihnen Heimat und Heimatrecht in der Kirche und Orientierung für ihr Leben zu geben. Doch nicht nur die Kirche ist für die Jugendlichen wichtig, auch die Jugendlichen sind für die Kirche wichtig. Sie haben meist ein feines Gespür, gleichsam eine Antenne und ein Frühwarnsystem für kommende Entwicklungen und sind für die Kirche gleichsam ein Spähtrupp in ihre eigene Zukunft. Der heilige Benedikt hatte darum recht, wenn er in seiner

Mönchsregel darauf hinweist, der Abt solle auch den jüngsten seiner Mönche hören; denn auch aus ihm kann der Geist Gottes sprechen.[293] In Freundeskreisen, in denen Jugendliche als aktive Glieder der Kirche ernst genommen werden, kann für sie die Freude an der Kirche und in der Kirche wachsen. Deshalb richten sich große Hoffnungen auf die Jugendsynode 2018.

Ein weltweites Netz von Freunden

Es wäre zu kurz gesprungen, und wir würden die ganze Radikalität des Wortes Jesu über die Jünger als seine Freunde verkennen, würden wir die Gemeinschaft der Jesus- und Gottesfreunde auf persönliche Freundschaftsbeziehungen reduzieren. Den revolutionären Charakter des biblischen Freundschaftsverständnisses erkennt man erst, wenn man es mit dem antiken Freundschaftsideal vergleicht. Ursprünglich war die Freundschaft eingebunden in die Volks- und Kulturzugehörigkeit; sie setzte außerdem Gleichrangigkeit und Gleichgesinntheit voraus. Der Unterschied zu diesem Verständnis wird schon bei Abraham deutlich, der in der Bibel sozusagen der »Urfreund« Gottes ist. Abraham wird von seinem Volk und von seiner Heimat wegberufen und zum Segen für alle Völker bestellt (Gen 12,1–3; 18,18; 22,18; 26,4; 28,14; Gal 3,6–18). Seine Fürsprache für die verkommene Bevölkerung in Sodom und Gomorra (Gen 19) und sein Verhalten zu den Hetitern beim Tod und beim Begräbnis seiner Frau Sara (Gen 23) zeigen, wie er diese – heute würden wir sagen – völker- und kulturüberschreitende Freundschaft gelebt hat.

Auch bei Jesus überschreitet die Freundschaft familiäre und stammesmäßige Grenzen. Jesus beruft den Zöllner Levi in seinen engeren Jüngerkreis (Mt 9,9–13); er selbst wird als Freund der Zöllner und Sünder beschimpft (Mt 11,19; Lk 7,34). Im Gegensatz zu den antiken Spielregeln fehlt bei ihm das Motiv der Gegenseitigkeit. Wir sollen nicht nur Freunde, Brüder, Verwandte, reiche Nachbarn einladen, die uns dann wieder einladen. So wird die Mauer der Exklusivität durchbrochen und das auf Gegenseitigkeit beruhende *do-ut-des*-Verhältnis außer Kraft gesetzt (Lk 14,12–14; vgl. Mt 5,46 f). In der Begegnung mit dem römischen, also heidnischen Hauptmann von Kafarnaum (Mt 8,5–13), mit der syrophönizischen Frau (Mt 15,21–28) und mit der Samariterin am Jakobsbrunnen (Joh 4,1–26) überschreitet Jesus die Grenzen des jüdischen Volkes und der jüdischen Religion.

Auch von seinen Jüngern, die Jesus nach Lukas seine Freunde nennt (Lk 12,4), erwartet er die Bereitschaft, Vater und Mutter, die eigene Familie, die eigene Heimat und die eigenen Häuser zu verlassen, um in die größere und weitere Gemeinschaft seiner Jünger einzutreten. An die Stelle der naturwüchsigen Volks-, Stammes- und Familienzugehörigkeit tritt in der Nachfolge Jesu die neue frei gewählte Freundschaft und Gemeinschaft der Jünger Jesu. Jesus verheißt, dass in dieser völkerübergreifenden Gemeinschaft der Verzicht auf die familiäre Gemeinschaft trotz zu erwartenden Verfolgungen tausendfach ausgeglichen werden wird (Mk 10,29 f par).

Die junge Kirche realisierte nach anfänglichen Auseinandersetzungen (Apg 9,32 – 11,18; 15) bald, dass aufgrund der einen Taufe gilt: »Es gibt nicht mehr Juden und Griechen, nicht Sklaven und Freie, nicht männlich und weiblich; denn ihr alle seid einer in Christus Jesus« (Gal 3,28, vgl. Röm 10,12; 1 Kor 12,13; Kol 3,11). Das ist eine revolutionäre Aussage, welche die Fundamente der antiken Gesellschaft sprengte und die uns noch heute zu denken geben muss. Nationale oder gar nationalistische Abschottungen können unter Christen keinen Platz haben; Standesunterschiede sollten durchlässig sein und nur zweitrangige Bedeutung haben, und die gleichrangige geschwisterliche Zusammenarbeit von Frauen und Männern sollte in der Kirche selbstverständlich sein.

In diesem weiten und umfassenden Sinn müssen wir es verstehen, wenn im dritten Johannesbrief zu einer Zeit, in welcher die Entscheidung für die Öffnung der Kirche zu den Heiden längst gefallen war, das Wort Freunde zur Selbstbezeichnung der Christen wird und diese sich als Freunde gegenseitig grüßen (3 Joh 15). Man muss freilich hinzufügen, dass dies im Neuen Testament die einzige Stelle ist, an der Freundschaft einen ekklesiologischen Rang erhält. Die Selbstbezeichnung der Jüngergemeinde als Freunde hatte denn auch nur ein relativ kurzes Nachleben. In den Vordergrund trat schnell die Bezeichnung als Brüder, heute Brüder und Schwestern.[294]

Das Zurücktreten des Begriffs Freunde ist vermutlich aus Gründen der Abgrenzung von der Gnosis, deren Anhänger sich als Freunde bezeichneten, zu verstehen. Aber auch das Verständnis der Christen als Brüder und der Kirche als einer Bruderschaft wurde bald zur Bezeichnung der Beziehungen der Bischöfe untereinander; es wurde im Sinn von Mitbrüdern und Kollegen verstanden und erhielt damit einen mehr amtlichen Charakter.[295]

Dennoch hat die Bezeichnung der Christen als Freunde eine bleibende Bedeutung. Zwar ist die Kirche kein durch persönliche Beziehungen und freien Zusammenschluss begründeter Freundschaftsbund; sie ist eine dem Einzelnen vorgegebene, von Jesus Christus gestiftete Wirklichkeit und zerfällt nicht in einzelne Freundschaftskreise und Gruppen; aber sie ist auch nicht nur eine universal- und lokalkirchliche Institution. Sosehr es wahr ist, dass man durch die eine Taufe in die eine Kirche eingegliedert wird, so sehr ist die Kirche als dem Einzelnen vorgegebene Institution auf Freundschaften angewiesen, welche den institutionellen Rahmen mit Leben füllen und ausgestalten. Solche Freundschaften überschreiten naturwüchsige familiäre und völkisch-kulturelle Bindungen; sie überschreiten auch die lokalen institutionellen Grenzen der Ortskirchen oder eines Seelsorgebezirks.[296] Den Bruder kann man sich nicht auswählen, dennoch ist man ihm bleibend verbunden, den Freund aber wählt man selber. Freundschaftsbeziehungen sind Ausdruck christlicher Freiheit.

In den Briefen des Apostels Paulus finden sich Andeutungen, welche auf die bleibende Bedeutung der Freundschaft unter Christen hinweisen. In Ephesus rettet dem Paulus ein Freund das Leben (Apg 19,21); in Sidon helfen ihm seine Freunde (Apg 27,3). Das weist auf ein Helfernetz von Freunden des Apostels, wie es in den Paulusbriefen tatsächlich mehrfach aufscheint (Phil 4,10.16; 2 Kor 11,9), sehr deutlich nochmals in dem späten zweiten Brief an Timotheus (2 Tim 4,9–18). Aufschlussreich ist vor allem die Grußliste im 16. Kapitel des Römerbriefs. Obwohl Paulus zur Zeit der Abfassung dieses Briefes die römische Gemeinde noch nicht persönlich kennengelernt hatte, grüßt er schon viele Freunde in Rom. Dazu gehören vor allem Aquila und seine Frau Priscilla (Röm 16,3), denen er schon zuvor an verschiedenen Orten begegnet war und die ihm jeweils gastfreundlich zur Seite standen (Apg 18,1–3; 18,18,f; 1 Kor 16,19; 2 Tim 4,19). Bezeichnenderweise begegnen Aquila und das Priscilla dem Apostel im Zusammenhang einer Hausgemeinde. Wie die Paulusbriefe zeigen, existierten die einzelnen Haus- bzw. Freundeskreise nicht isoliert nebeneinander; sie waren gut überregional und, wie wir heute sagen würden, Völker und Kulturen überschreitend miteinander vernetzt.

Wie sehr das Neue Testament den traditionellen Begriff des Hauses überwunden und geöffnet hat, zeigt der Epheserbrief: Christus hat am Kreuz die trennende Wand der Feindschaft zwischen Juden und Heiden überwunden; deshalb sind die Heidenchristen nicht mehr Fremde ohne Bürgerrechte, sondern Mitbürger (συμπολιται) und Hausgenossen (οικειοι) Gottes (Eph 2,19). Die Jüngergemeinde darf sich demnach nicht als naturwüchsige Größe oder gesellschaftlich abgeschlossene Gruppe verstehen, die sich gegenüber anderen abschottet und sich exklusiv und elitär gegenüber Neuzugezogenen, Fremden und Ausländern verhält. Paulus mahnt, allen Menschen Gutes zu tun, besonders denen, die mit uns im Glauben verbunden und vernetzt sind (Gal 6,10).

Freundschaft untereinander und miteinander muss das Kennzeichen der Christen und der Kirche sein. Das Wort Universalkirche darf kein leeres Wort sein; wenn es konkret erfahrbare Wirklichkeit wird, macht es Freude, in dieser weltweiten Gemeinschaft zu leben. In ihr wird schon jetzt der von den Propheten verheißene universale Friede anfanghaft Wirklichkeit (Jes 2,1–5; Jes 56,1–8; Mi 4,1–3; Joël 3,1 f). In diesem Sinn ist die Kirche gerade heute die größte bestehende Friedensbewegung in einer friedlosen, von vielen blutigen Konflikten durchfurchten Welt. »Siehe, wie gut und wie schön ist es, wenn Brüder miteinander in Eintracht wohnen« (Ps 133,1). Der Psalter ruft zum Lob Gottes durch alle Völker auf (Ps 117). Auch unsere Kirchenlieder geben dieser Freude Ausdruck: »Nun singe Lob, du Christenheit« (GL 487), »Lasst uns loben, freudig loben« (GL 489), »Nun singt dem Herrn ein neues Lied« (GL 551).

Die schönste Erinnerung aus meiner Zeit als Ortsbischof sind mir die Gemeindebesuche, auch die Besuche bei den Gemeinden fremder Muttersprache, jeweils mit Eucharistiefeier, Begegnung mit möglichst vielen Gruppen und Einzelbegegnungen, gemeinsame Mahlzeiten, wenn es irgendwie ging jeden Sonntag und an vielen Werktagen. Wenn man dagegen statt miteinander nur übereinander redet, nur noch mit Leuten der eigenen »Richtung« Kontakt pflegt und den anderen aus dem Weg geht, dann ist das ein trauriges Zeichen für den Zustand der Kirche. Bei vielen Reisen zu Ortskirchen in anderen Kontinenten habe ich solche Gastfreundschaft oft besonders bei armen Gemeinden und Kirchen eindrucksvoll erfahren dürfen. Gerade bei armen Kirchen, auch bei Christen völlig verschiedener Kultur und Sprache durfte man sich zu Hause fühlen, mit ihnen die Eucharistie feiern und nach dem eucharistischen Brot das tägliche Brot sowie ihre Freuden und Sorgen teilen. Einzelne dieser Christen, manche von ihnen sind inzwischen Bischöfe geworden, begegnen mir heute wieder auf den Straßen in Rom und erinnern sich noch an diese Besuche. Christen, die sich privat oder in Gruppen an »Dritte-Welt-Aktionen« (wie man früher sagte) engagieren, können Ähnliches berichten. Solcher Einsatz macht Freunde und macht Freude.

In den Vereinigten Staaten fand ich es immer herzerfrischend, nach dem Gottesdienst nicht in der Sakristei zu verschwinden, sondern – was dort normal ist – mit dem Pfarrer durch das Hauptportal auszuziehen und dort jeden Teilnehmer zu begrüßen und selbst als Gast begrüßt zu werden. In Frankreich kann man erleben, dass in jeder Kathedrale und zentralen Kirche am Eingang ein »accueil«, ein Empfang ist, an dem man bereitwillig Auskunft erhält, nicht nur über die Kathedrale, sondern auch über Fragen des kirchlichen Lebens und gegebenenfalls über Ansprechpartner vor Ort. In der Konkathedrale in Stuttgart habe ich etwas Ähnliches eingerichtet und dann erfahren, wie viele gute seelsorgerliche Gespräche sich ergaben. Als junger Vikar in einer Stuttgarter Pfarrei hatte ich alle Neuzugezogenen zu besuchen. Da hieß es Klinkenputzen. Oft wurde man erfreut aufgenommen, oft auch kalt und kühl, manchmal wurde gleich gar nicht aufgemacht. Den Kirchenanzeiger mit den wichtigsten Erstinformationen konnte man trotzdem in den Briefkasten stecken. Das signalisierte den Neuankömmlingen: Ihr seid willkommen und werdet erwartet. Ihr seid nicht nur Mitglieder in der Pfarrkartei, sondern neue Freunde, über die wir uns freuen und die wir willkommen heißen.

Gastfreundschaft und Willkommenskultur gehören zum alltäglichen Leben in den Gemeinden, Einrichtungen und Klöstern. Es gilt, Neuzugezogene, ausländische Christen, gelegentlich im Gottesdienst anwesende auswärtige Christen, Feriengäste und Touristen freundlich zu begrüßen und ihnen, wenn nötig, behilflich zu sein. Wenn man oft alteingesessene Vorurteile und muffige Milieubindung überwindet, wird man vom Neuankömmling oder von zeitweiligen Gästen oft bereichert werden. »Vergesst die Gastfreundschaft nicht; denn durch sie haben einige, ohne es zu ahnen, Engel beherbergt!« (Hebr 13,2).

Marienlob in der Gemeinschaft der Heiligen

Durch die Taufe wird man Christ in der Gemeinschaft der Kirche. Diese Gemeinschaft umfasst nicht nur die jeweils versammelte Gottesdienstgemeinde; jede Gemeinde ist in Gemeinschaft mit allen andern Eucharistie feiernden Gemeinden und dauert selbst über den Tod hinaus. Im Brief an die Hebräer lesen wir: »Ihr seid vielmehr zum Berg Zion hinzugetreten, zur Stadt des lebendigen Gottes, dem himmlischen Jerusalem, zu Tausenden von Engeln, zu einer festlichen Versammlung und zur Gemeinschaft der Erstgeborenen, die im Himmel verzeichnet sind, und zu Gott, dem Richter aller, und zu den Geistern der schon vollendeten Gerechten, zum Mittler eines neuen Bundes, Jesus, und zum Blut der Besprengung, das mächtiger ruft als das Blut Abels« (Hebr 12,22–24).

Wir verehren die Heiligen als Beispiel des Glaubens und der Nachfolge Christi, wissen uns zugleich mit ihnen verbunden als Freunde und Miterben Christi, als unsere Wohltäter, die wir hilfesuchend anrufen. In der Liturgie feiern sie mit uns, und wir nehmen in vorausnehmender Weise mit ihnen schon jetzt teil an der himmlischen Liturgie.[297] Im Kirchenlied besingen wir die Heiligen als unsere Freunde: »Ihr Freunde Gottes allzugleich« (GL 542).

Die Verehrung gilt letztlich dem siegreichen Wirken der Gnade in Jesus Christus in ihnen. Besonders die Märtyrer sind Zeugen der weltüberwindenden christlicher Freiheit; in den altkirchlichen Märtyrerberichten spielt darum die Ruhe, Gelassenheit und Freude eine wichtige Rolle, mit der sie ihr Martyrium auf sich genommen haben.[298] Dieselbe Seelengröße und innere Ruhe angesichts des Todes finden wir wieder bei den Bekennern, etwa bei Martin von Tours, dem ersten Heiligen der Kirche, der nicht als Märtyrer starb.[299] Bemerkenswert ist, was Hildegard von Bingen, die Benedikt XVI. 2012 zur Kirchenlehrerin erhob, über die christliche Freude (im Unterschied zu fröhlicher Ausgelassenheit), über Jubel und symphonischen Zusammenklang eines in allen Widerwärtigkeiten treuen tugendhaften Lebens[300] und als Beigabe jugendhafter Disziplin[301] schrieb. Sie gab dieser Freude nicht nur im liturgischen Gesang Ausdruck, sondern auch indem sie als Äbtissin den ungewöhnlichen liturgischen Brauch einführte, dass die Nonnen ihres Klosters an Festtagen als Zeichen der Freude mit offenem Haar mit seidenen Schleiern und Kränzen an der Liturgie teilnahmen.

Einen anderen Zeugen christlicher Freude, den heiligen Franz von Assisi, haben wir schon kennengelernt.[302] Ein franziskanisch gestimmter Heiliger der Freude war Philip Neri (1515–1595). Er gilt als der zweite Apostel Roms. Dazu gehörte sein Apostolat der Straße. Er hielt keine Strafpredigten, sondern verwickelte römische Straßenjungen, kleine Ladenbesitzer, verarmte Künstler in ein fröhliches Gespräch, war schlagfertig und manchmal volkstümlich derb. Das darf nicht über die mystische Glut in seinem Herzen hinwegtäuschen. Goethe hat ihn als seinen Lieblingsheiligen bezeichnet, und kein Geringerer als John Henry Newman hat ihm eine eigene Schrift gewidmet.[303] Ein anderer Heiliger der Freude ist Franz von Sales (1567–1622). Er soll gesagt haben: »Ein Heiliger, der traurig ist, ist ein trauriger Heiliger.« Sicher verbürgt ist sein Satz: »Die Traurigkeit ist meist übel, und sie wirkt Übles.«[304]

Besondere Verehrung gilt der Gottesmutter Maria.[305] Sie steht in der Reihe der großen Frauen des Alten Testaments, die in ausweglos scheinenden Situationen das Geschick ihres Volkes mutig in die Hand nahmen: Sara, Hanna, Judit, Ester. Sie sind in schwierigen Situationen nicht davongelaufen, haben vielmehr auf Gott gesetzt und wie schon die Prophetin Mirjam ein Lob- und Freudenlied auf Gottes Macht angestimmt, das im Magnifikat Marias weiterklingt (Lk 1,46–55).[306] Maria hat in dieser Geschichte Gottes mit den Menschen einen einmaligen und besonderen Platz. Ihr gilt darum die besondere Verehrung (Hyperdulie). So gehört die Marienverehrung unumstößlich zur Frömmigkeitspraxis in der katholischen wie in den orthodoxen Kirchen.[307] Auch bei den Reformatoren erklingt das Marienlob, wenngleich wesentlich gedämpfter.[308] Martin Luthers Auslegung des Magnifikat gehört trotzdem zu den großen Texten der Mariologie.[309]

Maria ist von allem Anfang an einbezogen in die Frohe Botschaft des Neuen Testaments. Sie wird vom Engel begrüßt: Freue dich (Lk 1,28). Durch ihr Ja hat Maria den Weg bereitet und Raum geschaffen für die Ankunft des Erlösers, dessen Geburt vom Engel als große Freude verkündet wurde, die allem Volk zuteilwerden soll (Lk 2,10). Als Botin der Freude betritt sie das Haus der Elisabet und des Zacharias (Lk 1,44). Im Magnifikat preist sie die Größe des Herrn, und ihr Geist jubelt über Gott ihren Retter. Sie sagt vorher: »Siehe, von nun an preisen mich selig alle Geschlechter« (Lk 1,48). Bei der Hochzeit von Kana, durch welche das ganze öffentliche Wirken Jesu unter das Vorzeichen eines Hochzeitsfestes gestellt wird, ist Maria gleichsam als Wegweiserin auf Jesus hin dabei (Joh 2,1–12). Sie steht unter dem Kreuz und hält auch unter dem Kreuz durch, wo Jesus als seine letztwillige Verfügung sie dem Jünger, den er liebte und der als Typos der Jüngerschaft gilt, anvertraut (Joh 19,25–27). Der Jünger nimmt daraufhin Maria »in sein Eigenes«. In ihm, dem Typos des Jüngers, wird Maria der Kirche und umgekehrt die Kirche Maria als Mutter anvertraut.[310] So ist sie nach der Aufnahme Jesu in den Himmel mit den Jüngern vereint zum Gebet um das Kommen des Heiligen Geistes und dabei bei der Ausgießung des Geistes an Pfingsten (Apg 1,14; 2,1).

Maria als leibliche Mutter Jesu ist aufgrund der testamentarischen Verfügung Jesu vor seinem Tod am Kreuz zugleich Mutter und Urbild (Typos) der Kirche als dem mystischen Leib Christi.[311] Diese Ehrenbezeichnung Marias als Typos der Kirche straft jede Rede von einer reinen Männerkirche Lügen, verpflichtet die Kirche freilich auch, nicht den Eindruck zu erwecken, sie sei eine mehrheitlich von Frauen bevölkerte Männerkirche.

Alle Loblieder auf Maria sind letztlich Loblieder auf Jesus Christus, der unsere Freude ist. Maria wird als Quelle der Freude gepriesen, weil sie als Mutter des Herrn Pforte für den Heiland geworden ist, der Freud in alle Welt gebracht hat (GL 329). Maria wird gepriesen als der vorausleuchtende Morgenstern, der dem Aufgang der Sonne der Gerechtigkeit vorausgegangen ist und zum Aufgang des Lichtes der Welt beigetragen hat. Das kommt besonders in dem ökumenischen Marienlied von Friedrich Spee zum Ausdruck:

> Lasst uns erfreuen herzlich sehr,
> Maria seufzt und weint nicht mehr.
> Sag Maria, Jungfrau rein,
> kommt das nicht von dem Sohne dein?
> Ach ja, dein Sohn erstanden ist,
> kein Wunder, dass du fröhlich bist.
> Aus seinen Wunden fließen her
> fünf Freudenseen, fünf Freudenmeer.
> Die Freud sich über dich ergoss,
> und durch dein Herz die Freude floss.
> (GL 533; vgl. 522; 525).

Maria konnte nur als von Gott überreich Begnadete ihr Ja dazu sprechen, Mutter des Erlösers zu werden. Darum ist das Marienlob letztlich Gotteslob. Die Präfationen der Marienfeste bringen das prägnant zum Ausdruck: »In Wahrheit ist es würdig und recht, dir Herr, heiliger Vater, immer und überall zu danken, weil du Großes getan hast an der seligen Jungfrau Maria«. – »In Wahrheit ist es würdig und recht, dir, Vater, für die Erwählung der seligen Jungfrau Maria zu danken und mit ihr das Werk deiner Gnade zu rühmen.«

Die vielen Marienlieder wiederholen und variieren den Gruß des Engels. Das wird im bekanntesten Mariengebet, im »Gegrüßet seist du, Maria«, deutlich wie in dem wohl ältesten Marienhymnus, der dem Kirchenvater Ambrosius zugeschrieben wird: *Ave maris stella,* »Sei gegrüßt, du Stern des

Meeres«. Wie alle Marienantiphonen so greift auch die bekannteste Antiphon *Salve Regina* den Engelsgruß auf. »Sei gegrüßt, du Königin, Mutter der Barmherzigkeit, unser Leben, unsere Wonne, unsere Hoffnung sei gegrüßt.« Die Antiphon endet mit den drei dem heiligen Bernhard von Clairvaux zugeschriebenen Anrufungen, *O clemens, o pia, o dulcis virgo Maria,* »O gütige, o milde, o süße Jungfrau Maria« (GL 666.4).

Manche Formulierungen des Marienlobs klingen überschwänglich. Manche uns übertrieben erscheinende Ausdrucksformen muss man als Element einer südländischen Kultur verstehen, die uns kühleren Nordländern fremd ist. So ist das Bild von Maria als der Himmelskönigin, wie es in der Tradition im Anschluss an das große Zeichen der apokalyptischen Frau in der Offenbarung des Johannes (12,1–6) oft gezeichnet wird, einseitig. Denn dieses Zeichen am Himmel ist keineswegs Ausdruck einer *Mariologia et ecclesia triumphans.* Im Gegenteil, es ist geerdet und hat Bodenhaftung. In diesem Bild erscheint die Frau mit der Sonne bekleidet, den Mond unter ihren Füßen und ein Kranz von zwölf Sternen auf ihrem Haupt; aber sie ist schwanger, und bei ihren Geburtswehen schreit sie vor Schmerzen. Dann erscheint vor der Frau, die gebären soll, ein Drache, groß und feuerrot, fegt mit dem Schwanz ein Drittel der Sterne vom Himmel und will das Kind, sobald es geboren ist, verschlingen. Doch das Kind wird von Gott zu seinen Thron in den Himmel entrückt, die Frau aber flieht in die Wüste, wo Gott ihr eine Zufluchtsstätte geschaffen hat. Dramatischer kann man das Bild der Kirche am Vorabend der großen Verfolgung gar nicht zeichnen. Maria als das große Zeichen der endzeitlichen, herrlich strahlenden wie der bedrängten und verfolgten Kirche auf Erden. Nicht umsonst wird sie besonders in den Notzeiten der Kirche angerufen.

Das Zweite Vatikanische Konzil hat vor Übertreibungen gewarnt. Zu Recht hat das Konzil jedoch auch vor einem Minimalismus gewarnt.[312] Denn in Maria als Urbild der Kirche leuchtet die Kirche, an deren irdischer Gestalt man manchmal fast verzweifeln möchte, in ihrer ganzen protologischen Reinheit und ihrer eschatologischen Schönheit auf. Jetzt ist die Kirche nicht ohne Makel und Runzel (Eph 6,27). Manchmal gleicht sie eher einer treulosen Dirne. Doch Maria repräsentiert die Kirche schon jetzt in ihrer Vollendung. Sie ist »Zeichen der sicheren Hoffnung und des Trostes für das wandernde Gottesvolk« (LG 68). In ihr werden der Grund und der Gegenstand unserer Freude in jungfräulich bezaubernder und zugleich in mütterlich fürsorglicher Weise anschaulich. Eine Kirche ohne Marienlob würde das ihr von Gott geschenkte Leuchtzeichen der Hoffnung verlieren; sie wäre eine traurige Kirche, ihr würde der jungfräuliche und mütterliche Charme fehlen. Vergessen wir darum das Marienlob nicht!

VII
Freude – Sieg, der die Welt überwindet

Zum Schluss wollen wir nochmals auf den Ausgangspunkt zurückkommen, manches zusammenfassen und manche Linien noch etwas ausziehen. Wir gingen aus von dem allgemeinmenschlichen Phänomen: Alle Menschen wollen glücklich sein. Als Menschen sind wir für die Freude geschaffen; wir sind nicht Sein-zum-Tod, sondern Sein-zum-Leben. Nur weil das Verlangen nach Glück zutiefst in unser Sein als Menschen eingeschrieben ist, können wir das Nichtglücken, den Schmerz, das Leiden und das Leid, das Scheitern und am Ende den Tod sowie alles, was wir als *acedia* umschrieben haben, als Entfremdungen vom Leben erfahren, die zum Überdruss am Leben führen können. Die das Leben begleitende Angst ist die Angst, das Glück des Lebens zu verfehlen.

Der Ausgangspunkt beim Menschen, der nach dem Glück seines Lebens fragt und dessen Suche nach Freude und Glück in vielfältiger Weise infrage gestellt wird und bedroht erscheint, ist den Menschen des ersten Jahrhunderts und des beginnenden 21. Jahrhunderts bei allen tiefgreifenden Veränderungen im Laufe von zweitausend Jahren gemeinsam. Die Fragen von Leben und Tod, Freud und Leid und die damit verbundenen Fragen von Gerechtigkeit und Unrecht, Krieg und Friede, Liebe versus Hass und Gewalt bedrängen Menschen in allen Jahrhunderten. Die Botschaft des Evangeliums von der Freude, von Gerechtigkeit, Friede und Liebe hat darum heute nichts von ihrer Aktualität verloren.

Die Grundentscheidung, vor der jeder Mensch steht, ist, ob er sein Leben annimmt oder ob er undankbar reagiert und revoltiert. Jeder steht vor der Entscheidung, ob er sich aufgrund von negativen Erfahrungen in einen Strudel nach unten ziehen lässt, der in der Traurigkeit und letztlich im Tod endet, oder ob er den Augenblicken recht gibt, in denen er sagen kann: Ja, es ist gut, es ist schön, das Leben ist voll Sinn. Das sind Augenblicke, in denen das Herz aufgeht und weit wird, in denen wir uns freuen und Ja sagen zur Welt und zum Leben. Das kann geschehen im Erleben der Schönheit der Natur, und sei es nur eines zarten Röschens, das auf einem dornigen Stiel aufbricht; angesichts der Erfahrung des Wunders, das jedes neugeborene Kind ist und das zeigt, dass das Leben weitergeht; im Blick auf die Begegnung mit einem liebenswürdigen Menschen, ein frohes gemeinsames Fest, ein staunenswertes und uns entzückendes Werk der Kunst, der Musik, der Malerei und manches andere mehr. Bei solchen Erfahrungen überkommt uns Freude am Leben.

Freude ist mehr als ein Sich-Wohlfühlen oder Spaßhaben. Freude meint ein Innehalten mit Zustimmung zum Leben und zur Welt. Kein Mensch kann ohne solche Freude leben, und sei sie noch so unscheinbar und bescheiden. Die Freude kann tief innerlich sein; oft wird sie sich ausdrücken im Jubel, im Singen, im Tanz und in freudigen Gesten bis hin zu Tränen der Freude als Ausdruck des inneren Überwältigtseins; solche Freude kann nachklingen in gelassener Heiterkeit des Gemüts, die hilft, über die schweren Erfahrungen des Lebens hinwegzukommen, sich nicht dem Sog nach unten zu überlassen, nicht resigniert aufzugeben, sondern mutig und tapfer standzuhalten, nach vorn und nach oben zu blicken.

In der religiösen Freude erweitert und vertieft sich die Zustimmung zur Welt und zum Leben zur Zustimmung zu einem – wie immer verstandenen – geheimnisvollen göttlichen Urgrund der Welt. Es ist die Freude, dass die Welt im Letzten heil ist. Sie findet sich in unterschiedlichster Weise in allen uns bekannten traditionellen Menschheitskulturen. Sie findet sich in meist anonymer, das heißt nicht religiös benannter Weise auch in unserer modernen säkularisierten Welt. Ein atheistisches Wirklichkeitsverständnis ist immer im ursprünglichen Sinn des Wortes reaktionär, das heißt: Es reagiert negativ kritisch und skeptisch auf bestimmte, vielleicht unangemessene Vorstellungen vom Göttlichen; in radikaler Form konnte es erst auftreten, als im Judentum und Christentum Gott radikal welttranszendent gedacht wurde und in Reaktion darauf das Göttliche, auch wenn es nicht so benannt wird, entweder in irgendwelchen weltlichen Idolen und Ideologien oder in einer Art Weltfrömmigkeit in der Welt selbst gesucht wurde und als Leben, als materielle sich evolutiv entfaltende Urkraft oder Energie verstanden wird.

Das Evangelium als Botschaft der Freude vom Kommen der Herrschaft Gottes als Leben, Liebe, Friede und Freude durch Jesus Christus im Heiligen Geist ist die alles Erwarten übersteigende überschwängliche barmherzige und befreiende Antwort Gottes auf die Grundsituation des Menschen. Dieses Evangelium steht als Gesamtüberschrift über dem Ganzen der christlichen Botschaft. Es ist die Linse, durch die wir alle einzelnen Botschaften des Evangeliums lesen, und das Auslegungsprinzip, durch das wir alle Lehren und alle Gebote verstehen und damit neu zum Leuchten bringen können und sollen. Diese Freude des Evangeliums haben wir an erster Stelle zu verkünden.

Christliche Freude bejaht in allen Dingen Gott als Geber der guten Schöpfungsgaben; sie nimmt das, was uns die Schöpfung an guten Gaben bietet, nicht einfach als selbstverständlich hin, sondern freut sich an ihnen als Gabe und Geschenk und dankt dafür. So gibt es für den Christen, bei allen Abgründen des Bösen und Dunklen eine Leuchtspur, die auf ein endgültiges und vollkommenes Glück verweist, das uns in der Frohen Botschaft des Evangeliums als Gott verkündet wird, der Liebe ist, der uns an seiner Liebe Anteil schenken will und dessen Freude es ist, bei den Menschen zu sein. In Jesus Christus hat Gott sich in endgültiger, unwiderruflicher und unüberbietbarer Weise selbst mitgeteilt bis hinein in den Tod und die Überwindung des Todes in der Auferweckung vom Tod zum Leben. Das Evangelium ist die Botschaft vom endgültigen Sieg des Lebens über den Tod und die endgültige, alles Sehnen überbietende Erfüllung der Sehnsucht des Menschen. Jesus Christus ist unsere Freude, eine Freude, die das Kreuz nicht auslässt, die aber im Blick auf Ostern Hoffnung auf ewiges Leben eröffnet und in diesem Leben zum Einsatz für das Leben in allen seinen Phasen ermutigt.

Das Evangelium von Jesus Christus begegnet uns in seinem Wort. Es macht Freude, weil es uns Orientierung, Licht und Leben schenkt im Dunkel und im zwielichtigen Halbdunkel des Lebens. Er begegnet uns in der Feier der Eucharistie, die Wegzehrung ist auf dem Weg des Lebens und zugleich Vorfeier des himmlischen Freudenmahls schon jetzt auf Erden. Jede Feier der Eucharistie muss ein Fest der Freude sein und Freude ausstrahlen. Nicht zuletzt begegnet uns Gott in jedem Menschen. Jeder ist Bild Gottes. Jeder hat auch dann seine unveräußerliche Würde, wenn dieses Bild Gottes verunstaltet und verschmutzt ist. Das eine geheimnisvolle Angesicht Gottes leuchtet in jedem Menschen je neu und je anders auf. Darum begegnet uns Gott in besonderer Weise in jedem Fremden neu. Jeder Mensch kann uns neu zum Geschenk werden, und wir sollen einander ein Geschenk, eine Freude sein. Freude ist ihrem Wesen mitteilsam, nicht individualistisch und egoistisch selbstzufrieden, sondern solidarisch.

Christen sollen Menschen sein mit offenen Augen für die Freuden, die Leiden, die Anliegen und die Not der andern, mit offenen Augen, welche die Herzen und dann auch die Hände für andere öffnen. Freude machen macht Freude und kann Freude ausstrahlen. So können Christen durch ihre Freude und ihr Freude-machen für andere fast so etwas wie ein lebendiger Gottesbeweis sein, der konkret zeigt, dass es mehr gibt als materiellen Gewinn und Eigennutz, mehr als vorübergehende Lusterfüllung, nämlich Barmherzigkeit und Liebe. Am Ende bleibt nur eines, die Liebe und das, was aus Liebe getan wurde (1 Kor 13,8.13).

Mit diesem Zeugnis können Christen einen Strahl des Lichts und eine Leuchtspur der Hoffnung in eine oft graue und freudlose Welt tragen. Sie können Diener der Freude sein (2 Kor 1,24). Als Gottes Freunde dürfen sie vor Gott stehen, ihm danken und ihn lobpreisen, ihn bitten, aber auch vor ihm jammern und heulen, wenn ihnen danach zumute ist. Er sieht uns, auch wenn uns sonst niemand beachtet, er hört uns, auch wenn uns vielleicht sonst niemand mehr zuhört; er leidet mit uns und freut sich mit uns; er ist mitleidsvoll und voll zärtlichem Erbarmen. Im Schwung der Freude hört man auf, kleinlich zu rechnen und auf Absicherung bedacht zu sein. Im Überschwang der Freude kann man etwas wagen und in Großmut tapfer auch Nachteile und Verletzungen in Kauf nehmen.

Für manche Christen ist die Freude des Christseins angekratzt und geradezu verkratzt durch unliebsame Erfahrungen in der Kirche und mit der Kirche. Dass sie es gibt, können wir weder bestreiten noch brauchen wir sie beschönigen. Doch wir glauben nicht wegen der Kirche, nicht wegen eines bestimmten Pfarrers, Bischofs oder Papstes. Wir glauben an Gott, weil er so, wie er sich uns in Jesus Christus erschlossen hat, uns überzeugt. Man kann sich über vieles in der Kirche ärgern, die Freude des Christseins hängt davon letztlich nicht ab. Auch in der Kirche sollen wir uns nicht von negativen Erfahrungen nach unten ziehen lassen, sondern uns von der frohen Botschaft, die das Evangelium ist, und von den unzähligen, oft unscheinbaren guten Christen, die ernsthaft aus dieser Botschaft leben und daraus Kraft schöpfen, erbauen und uns zu einem *sursum corda*, zu einem »empor die Herzen«, einladen lassen.

Viele Wehen in der Kirche sind Geburtswehen einer neuen Gestalt der Kirche inmitten einer Welt, die selbst in Wehen liegt und in einer sehr komplex und unübersichtlich gewordenen globalen Situation nach Wegen einer neuen Weltordnung sucht, in der die Menschheit menschlich leben und überleben kann. Eine solche Situation, in der Altes und Vertrautes sich auflöst, das Neue aber noch nicht sichtbar ist, löst verständlicherweise Ängste aus. Als Christen haben wir ebenso wenig fertige Lösungen wie alle anderen auch. Gott und vieles im Leben und in der Welt bleiben uns ein unergründliches Geheimnis. Wir sind auf Hoffnung hin erlöst (Röm 8,24). Die Schau Gottes von Angesicht zu Angesicht und damit der Durchblick durch das Ganze und die Rätsel der Wirklichkeit und des Lebens ist uns in diesem Leben versagt, aber sie steht als untrügliche Verheißung vor uns und leuchtet Mut machend schon in dieses Leben herein.

Die Hoffnung, die uns beseelt, schenkt Gelassenheit. Sie ist keineswegs mit Gleichgültigkeit und Tatenlosigkeit zu verwechseln. Sie kommt aus der tiefen Gewissheit, verankert zu sein und festzustehen auf einem unerschütterlichen Grund, auf den in jeder Situation unbedingt Verlass ist. Sie verwechselt den Heiligen Geist nicht mit der eigenen Aufgeregtheit, sondern weiß, dass vernünftige Lösungen aus der inneren Ruhe und dem inneren Frieden, der das Gütezeichen des Heiligen Geistes ist, wachsen und reifen. Gelassenheit erinnert sich an das Wort des Jesaja: »Durch Umkehr und Ruhe werdet ihr gerettet, im Stillhalten und Vertrauen liegt eure Kraft« (Jes 30,15). Im Amen-Sagen des Glaubens soll und muss man zwar alles tun, was man wirklich tun kann, aber in einem letzten Grundvertrauen auch alles lassen können, was man selbst nicht und was kein anderer tun kann. Gelassenheit verfällt darum nicht der Hektik und den immer wieder neuen Aufregungen unserer gegenwärtigen Erregungsgesellschaft. Sie bewahrt innere Ruhe, Frieden und Freude und damit auch den Humor.

Wäre das Wort nicht so abgenützt, könnte man die christliche Freude als christliche Alternative bezeichnen, als Alternative zu Ärger und Verdruss, Engherzigkeit und Kleinmut, Angst und Hoffnungslosigkeit, eine Alternative auch zu billigem Spaß und Vergnügen, das nicht aufbaut, sondern vorübergehend ablenkt und dann oft im Kater endet. Gewiss, Spaß darf sein. Ohne Freude und ein wenig Spaß am Leben kann niemand, auch kein Christ, leben. Wenn der Spaß dann zur Freude und zum Freude-Machen wird, dann kann er helfen, dass das Schwere in der Welt auch dort, wo wir nicht die Macht haben, es zu überwinden, trotzdem nicht Macht über uns gewinnt. In der harten Wirklichkeit der Welt kann die Freude nicht alle nach unten ziehende Schwere beseitigen, sie besiegt sie jedoch im eigenen Herzen. Das sieghafte Lachen und der gelassene Humor können die letzte uns verbliebene Waffe sein, eine Waffe, die niemanden tötet, die vielmehr Freude macht und andere zur Freude ansteckt. Die Freude des Christen ist der Sieg über die Welt und Ausdruck der Freiheit, zu der Jesus Christus uns frei gemacht hat zum Dienst in der Liebe und am Leben (Gal 5,1.6.13).

Diese die Schwerkraft überwindende *Ekstasis* der Freude können wir als schwache, der Erde verhaftete Menschen nicht aus uns selbst leisten. Sie ist eine Gabe, mit der der Geist Gottes, der in allem Seufzen der Kreatur nach vorn und nach oben drängt, uns zur Hilfe kommt, um für uns einzutreten (Röm 5,20–27). Als *Ekstasis* der Freude in Gott ist er Geber und Gabe der Freude. Er kann bis in die Tiefe unseres Herzens eindringen, das Herz weiten und es im wörtlichen

Sinn neu begeistern. Er kann – wie es im Pfingsthymnus heißt – die Herzen, die er erschaffen hat, mit seiner Kraft ganz ausfüllen. *Imple superna gratia, quae tu creasti pectora* (GL 341.2). Er kann – so sagt es ein anderer Pfingsthymnus – wärmen, was kalt und hart, lösen, was in sich erstarrt (GL 343.4). Er kann die Enge der Angst von uns nehmen, die nach unten ziehende Schwerkraft der *acedia* und der Angst im *Exsultet* und *Sursum corda* der Freude überwinden, um uns frei und froh zu machen im Dienst der Freude. Solche Weitung und Begeisterung der Herzens in der Freude tut der Christenheit heute vor allem not.

Anmerkungen

Für die verwendeten Abkürzungen vgl. das Abkürzungsverzeichnis im Lexikon für Theologie und Kirche, 3. Auflage, Bd. 11 (2001/2006), 692–746*.*

I Es ist zum Davonlaufen

1 Evagrius Ponticus, De octo vitiosis cogitationibus, in: MG 40,1273 b; Johann Cassian, De institutis coenobiorum lib. 10,2.

2 Origenes, Comm. in Ps. 90,6 , in MG 15,5252 c.

3 Dante, Petrarca, Walter Benjamin, Enzo Bianchi, Josef Pieper (Über die Hoffnung, Leipzig 1938, 60–62; Das Viergespann, München 1964, 276 f; Muße und Kult, neu hg. v. K. Lehmann, München 2007, 81–85); Katechismus der katholischen Kirche, Nr. 2094; 2733.

4 Gregor der Große, Moralia 31, 45, 87/88, in: ML 76,621. So auch Thomas von Aquin, S. th. II/II q. 35. Vgl. auch Franz von Sales, Philothea, hg. von O. Karrer, Freiburg/Schw.-Würzburg 1988, 213 ff.

5 A. Vögtle, Art. Acedia, in: RAC (1950) I, 62 f., R. Hauser, Acedia, in: HWP (1971) 1, 74 f.

6 Johann Cassian, De institutis coenobiorum lib. 10,1.

7 Thomas von Aquin, S. th. I/II q. 31, 3 ad 3.

8 A. Delp, Veni sancte Spiritus, in: Im Angesicht des Todes, Frankfurt am Main 1961, 210–212 (auch: Gesammelte Schriften, Bd. 4: Aus dem Gefängnis, Frankfurt am Main 1984, 263 f ; 298 f)

9 J. Daiber, Der Mittagsdämon. Zur literarischen Phänomenologie der Krise der Lebensmitte, Münster 2005; E. Erikson, Identität und Lebenszyklus. Berlin 1973; A. Grün, Lebensmitte als geistliche Aufgabe, Münsterschwarzach 2005; K. Baumgartner, Art. Lebensmitte, in: LThK 6 (1997) 728.

10 S. Freud, Das Unbehagen in der Kultur (1930), Ges. W. Bd. 14, London-Frankfurt am Main 1968, 419–506. Freuds Position spielt eine wichtige Rolle außer in der Psychoanalyse in der Sozialkritik, im Freudmarxismus (W. Reich) wie in der kritischen Theorie der Frankfurter Schule (E. Fromm, H. Marcuse).

11 Die kirchliche Lehre hat sich nach anfänglichen Schwankungen Platon und Aristoteles angeschlossen und die stoische und epikureische Tradition verworfen, welche seit der Aufklärung und heute verstärkt

das Argument der Selbstbestimmung des Menschen hervorhebt. Vgl. Art. Suizid, in: LThK 9, 2000, 1105–1109; Sterbehilfe, in: ebd., 976–981.

12 Die neueren kirchlichen Regelungen zum Begräbnis tragen diesen Einsichten Rechnung. Vgl. CIC can. 1184.

13 Paul Wilhelm von Keppler (1852–1926) war 1898–1926 Bischof von Rottenburg. Bekannt wurde er der breiteren Öffentlichkeit durch sein in vielen Auflagen und Übersetzungen erschienenes Buch »Mehr Freude« (1909).

14 D. Ansorge (Hg.), Pluralistische Identität. Beobachtungen zu Herkunft und Zukunft Europas, Darmstadt 2016.

15 Diese These, die hier nur angedeutet werden kann, ist bereits in der alttestamentlichen Schöpfungsgeschichte grundgelegt, besonders in der Überzeugung von der Gottebenbildlichkeit des Menschen, das heißt *aller* Menschen unabhängig von ihrer völkischen, kulturellen und religiösen Zugehörigkeit (vgl. unten Anm. 87). Abraham, der Vater des Glaubens, wurde als Segen für alle Völker berufen. Jesus hat die mosaische Engführung auf das besonders erwählte Volk Israel aufgebrochen, sein Leben hingegeben für die vielen, das heißt für alle. Er hat seine Jünger zu allen Völkern ausgesandt. Die Urkirche ist ihm in dieser universalen Offenheit für Juden und Heiden gefolgt. Die These von J. Assmann vom ambivalenten Charakter des mosaischen Monotheismus übersieht den abrahamitischen Ursprung der drei monotheistischen Religionen und den urchristlichen Rückgriff hinter das mosaische Gesetz auf Abraham, den Vater vieler Völker, wie die christologische Neuinterpretation des mosaischen Gesetzes im Neuen Testament. Im Übrigen gehört die Unterscheidung zwischen wahr und falsch seit den Vorsokratikern, auch ganz unabhängig von der Bibel, zum Urerbe europäischer Kultur. Denken heißt unterscheiden. Vgl. J. Assmann, Moses der Ägypter. Entzifferung einer Gedächtnisspur, München 1998; Die Mosaische Unterscheidung oder Der Preis des Monotheismus, München 2003; Exodus. Die Revolution der Alten Welt, München 2015. Vgl. auch unten Anm. 89.

16 Standardveröffentlichung: C. Taylor, A Secular Age, Cambridge (Mss)-London (UK) 2007. Vgl. auch Säkularisierung und Weltreligionen, hg. von H. Joas und K. Wiegand, Frankfurt am Main 2007.

17 Dazu W. Kasper, Der Gott Jesu Christi (1982) (WKGS 4), Freiburg im Breisgau 2008, 63–108.

18 So der frühe L. Wittgenstein, Tractatus logico-philosophicus, Frankfurt am Main 1960. These 7: »Wovon man nicht sprechen kann, darüber muss man schweigen.«

19 F. Nietzsche, Die fröhliche Wissenschaft (WW ed. Schechta, Bd. 2), München 1955, 206.

20 M. Horkheimer / Th. W. Adorno, Dialektik der Aufklärung. Frankfurt am Main 1969.

21 E. W. Böckenförde, Staat, Gesellschaft, Freiheit. Studien zur Staatstheorie und zum Verfassungsrecht, Frankfurt am Main 1976, 60; Religionsfreiheit, Die Kirche in der modernen Welt (Schriften zu Staat-Gesellschaft-Kirche III), Freiburg im Breisgau 1990. Vgl. J. Habermas, Vorpolitische Grundlagen des demokratischen Rechtsstaates?, in: ders., Zwischen Naturalismus und Religion, Frankfurt am Main 2005, 106–118.

22 U. Beck, Risikogesellschaft. Auf dem Weg in eine andere Moderne. Frankfurt am Main 1986; ders., Die Erfindung des Politischen. Zu einer Theorie reflexiver Modernisierung, Frankfurt am Main 1993.

23 Thomas von Aquin, S. th. II / II q. 35.

24 S. Kierkegaard, Die Krankheit zum Tode, in: Philosophisch-Theologische Schriften, München 1956.

25 S. Kierkegaard, Der Begriff der Angst, in: ders., Die Krankheit zum Tode [Anm. 24].

26 Kierkegaards Beschreibung der Angst findet sich in ihren Grundzügen bereits in der in der Spätphilosophie Schellings, dessen Vorlesungen Kierkegaard in Berlin noch gehört hat. Schellings späte Philosophie war der Versuch, das die neuzeitliche Entwicklung krönende System Hegels zu überwinden. Damit hat er den Übergang zum nachidealistischen Denken eingeleitet. Bezeichnenderweise haben sich M. Heidegger, K. Jaspers, P. Tillich, J. Habermas, K. Hemmerle und andere ausführlich mit der Spätphilosophie Schellings auseinandergesetzt (vgl. W. Kasper, Das Absolute in der Geschichte. Philosophie und Theologie der Geschichte in der Spätphilosophie Schellings, Mainz 1965; jetzt WKGS 2, Freiburg im Breisgau 2010). Doch während die Analyse der Angst bei Kierkegaard noch in einem theologischen Kontext steht, hat Martin Heidegger sie aus diesem Kontext losgelöst und sie als die Grundbefindlichkeit des Menschen bestimmt. Heidegger und die anderen Existential- und Existenzphilosophen der ersten Hälfte des 20. Jahrhunderts haben damit das Krisenbewusstsein nach dem Ersten Weltkrieg artikuliert. Karl Barth hat in seiner epochemachenden Schrift *Der Römerbrief* (erste Auflage 1919; zweite maßgebend gewordene Auflage 1922) mit Bezug auf Kierkegaard die Krise wieder theologisch artikuliert und vom Widerspruch des Menschen in sich selbst gesprochen. Damit war der Grundton von Philosophie und großer Teile der Theologie in der ersten Hälfte des 20. Jahrhunderts angeschlagen.

27 F. Nietzsche, Die fröhliche Wissenschaft [Anm. 19], 155–158; 205 f. u. a.

28 F. Nietzsche, Aus dem Nachlass (WW ed. Schlechta, Bd. 3), München 1956, 678.

29 Nietzsche, Aus dem Nachlass [Anm. 28], 557.

30 Nietzsche, Aus dem Nachlass [Anm. 28], 678.

31 F. Nietzsche, Also sprach Zarathustra (WW ed. Schlechta, Bd. 2), München 1955, 281.

32 Nietzsche, Also sprach Zarathustra [Anm. 31], 279.

33 Nietzsche, Also sprach Zarathustra [Anm. 31], 284.

34 H. Jonas, Gnosis. Die Botschaft des fremden Gottes, Berlin 2008; Chr. Markschies, Die Gnosis, München 2010.

35 Katholische Akademie in Bayern, Zur Debatte 12./13. November 2004. U. H. J. Körtner, Wiederkehr der Religion? Das Christentum zwischen neuer Spiritualität und Gottvergessenheit, Gütersloh 2006; H. J. Höhn, Der fremde Gott. Glaube in postsäkularer Kultur, Würzburg 2008; K. Gabriel/H. J. Höhn, Religion heute – öffentlich und politisch. Provokationen, Kontroversen, Perspektiven, Paderborn 2008.

36 Aus der Perspektive einer postsozialistischen Gesellschaft: E. Tiefensee, Homo areligiosus. Vorlesung im Rahmen der Ringvorlesung »Weltreligionen im 21. Jahrhundert« der Universität Erfurt am 8. Mai 2001 in der Michaeliskirche in Erfurt (https://www2.uni-erfurt.de/tiefensee/Homo%20areligiosus.pdf).

37 Grundlegend bereits in seinem frühen Werk K. Rahner, Hörer des Wortes. Zur Grundlegung einer Religionsphilosophie (1941) (Sämtliche Werke, Bd. 4, Freiburg im Breisgau 1997). Später hat K. Rahner den Gedanken der konstitutiven Offenheit des Menschen für Gott mit der Idee eines in der Schöpfung aller Wirklichkeit in und auf Christus hin begründeten übernatürlichen Existentials verbunden und die Theorie von einem anonymen Christentum entwickelt. Diesen Begriff kann man problematisieren, die gemeinte Sache aber scheint, wie noch zu zeigen sein wird, mir schwerlich bestreitbar zu sein. Vgl. dazu unten Kap. II.

38 F. Hölderlin, Patmos. Dem Landgrafen von Homburg, in: Hölderlin, Sämtliche Werke, hg. von F. Beissner, Bd. 2, Stuttgart 1953, 173.

39 I. F. Görres, Im Winter wächst das Brot. Sechs Versuche über die Kirche, Einsiedeln [8]2002.

40 Diese Leuchtspur der Hoffnung hat E. Bloch, Das Prinzip Hoffnung, 2 Bde., Frankfurt am Main 1959 in Abgrenzung von der Dialektik der Existenzphilosophie auf neomarxistischer Grundlage mit einem sehr reichen Material zur Geltung gebracht. Vor diesem Hintergrund hat J. Moltmann seine international beachtete Theologie der Hoffnung,

München 1964, veröffentlicht. Selbstverständlich gibt die Bibel keine neomarxistische und neomaterialistische, sondern eine pneumatologische Begründung (vgl. unten Kap. II). Inwieweit diese Konzeptionen mit der romantischen Naturphilosophie etwa Schellings, mit der Philosophie des élan vital von H. Bergson, dem dynamisch-dialektischen Seinsverständnis von M. Blondel, der Evolutionstheorie von P. Teilhard de Chardin, der Prozesstheologie von N. A. Whitehead u. a. vermittelt werden können, bedürfte einer eigenen eingehenden Untersuchung. Weiterführend kann die Idee von K. Rahner sein, der in jeder geschöpflichen Wirklichkeit einen Mehrwert, einen Seins-Überschuss bzw. eine Selbsttranszendenz aufzeigt. Vgl. die Hominisation als theologisches Problem, in: P. Overhage / K. Rahner, Das Problem der Hominisation (QD 12 / 13) Freiburg im Breisgau 1961.

41 Vgl. dazu unten Kap. II.

42 Thomas von Aquin, S. th. II / II q. 128 f.; I / II q. 64, 1 ad 2.

43 Die Literatur über das Konzil ist unabsehbar. Ich beschränke mich auf zwei Veröffentlichungen: J.-H. Tück (Hg.), Erinnerung an die Zukunft. Das Zweite Vatikanische Konzil, Freiburg im Breisgau, 2. aktualisierte und erweiterte Aufl. 2013 und C. Böttingheimer / R. Dausner, Vatikanum 21. Die bleibenden Aufgaben des Zweiten Vatikanischen Konzils im 21. Jahrhundert, Freiburg im Breisgau 2016.

44 Vgl. unten Kap. VI.

II Wohin sollen wir gehen?

45 Dazu mehr unten Kap. VI.

46 H. Schlier, Der Römerbrief (HThKNT Bd. 6), Freiburg im Breisgau 1977, 376.

47 ThWNT V, 168.

48 E. Käsemann, An die Römer (HNT 8a), Tübingen 1973, 330.

49 Der Begriff *Neue Evangelisierung* hat sich seit Johannes Paul II. eingebürgert. Vgl. die Enzyklika *Redemptoris missio* (1990) n. 32–38. Alle amtlichen Dokumente finden sich in dem Enchiridion della Nova evangelizzazione. Testi del Magistero pontificio e conciliare 1939–2012, Città del Vaticano 2012. Vgl. W. Kasper, Neue Evangelisierung als pastorale und geistliche Herausforderung, in: Das Evangelium Jesu Christi (WKGS 5) Freiburg im Breisgau 2009, 245–317; K. Krämer / K. Vellguth (Hg.), Evangelisierung. Die Freude des Evangeliums miteinander teilen (Theologie der einen Welt 8) Freiburg im Breisgau 2015.

50 In Frankreich und in den Vereinigten Staaten hat man mit neuen Formen der Jugend- und der Erwachsenenkatechese einen guten Anfang gemacht. Auch in deutscher Sprache gibt es dafür inzwischen gute An-

sätze und Handreichungen. Vgl. Art. Taufe/Taufbewusstsein, in: Praktisches Lexikon der Spiritualität, Freiburg im Breisgau 1988, 1254–58; Art. Taufgedächtnis, Taufgespräch, Taufkatechese in: LThK 9 (2000) 1300–1302; H. Lenz, Gottesfrage ermöglichen. Zentrale Aufgabe heutiger Erwachsenenkatechese, in: G. Augustin (Hg.), Die Gottesfrage heute (Theologie im Dialog 1), Freiburg im Breisgau 2009, 192–217.

51 Vgl. die Taufparänesen in 1 Kor 6,11; Röm 6,3–14; Eph 5,8.25 f; Kol 3,9 ff; 1 Petr insgesamt.

52 M. Luther, WA 1, 233.

53 Vgl. THWNT IV, 322 f ; R. Bultmann, Der zweite Brief an die Korinther (KeK), Göttingen 1976, 59–61; F. Lang, Die Briefe an die Korinther (NTD 7), Göttingen 1986, 313.315.

54 Dazu ausführlich: W. Kasper, Barmherzigkeit. Grundbegriff des Evangeliums – Schlüssel christlichen Lebens, Freiburg im Breisgau 2012, 11–15; 26 Anm. 58; 125–132.

55 Freud, Das Unbehagen in der Kultur [Anm. 10].

56 THWNT VI, 182– 191; 194–197; 205–230.

57 So auch J. Ratzinger, Einführung in das Christentum. Vorlesungen über das Apostolische Glaubensbekenntnis (1968), jetzt Joseph Ratzinger Gesammelte Schriften Bd. 4, Freiburg im Breisgau 2016.

58 So in der Übersetzung von Erich Gräßer; zur Exegese und zur Wirkungsgeschichte vgl. E. Gräßer, An die Hebräer, Teilband 3 (EKK XVII/3), Zürich 1997, 92–102.

59 Weg ist ein Grundwort der Bibel. Das Verständnis des Glaubens als Treue auf dem Weg wirft die Frage auf nach dem Verhältnis der Treue-Wahrheit (*emet*) der Bibel und dem griechischen Wahrheitsverständnis als *aletheia*. Beide Formen des Wahrheitsverständnisses setzen unterschiedliche Akzente. Trotzdem darf man zwischen beiden keinen Gegensatz konstruieren und die zwischen ihnen bestehende strukturelle Ähnlichkeit übersehen. Gottes Treue-Wahrheit besagt, dass seine Taten in Übereinstimmung stehen mit seiner Treue und dass auf Gottes Verheißung unbedingter Verlass ist, sodass sie unsere Treue verdient. Analog verhält es sich mit der *aletheia*. Sie darf nicht auf die bloße Satz- und Aussagewahrheit reduziert werden. *Aletheia* bedeutet ursprünglich die Unverborgenheit und Offenbarkeit und damit die Logoshaftigkeit der Wirklichkeit, welche die Erkennbarkeit der Wirklichkeit durch den menschlichen Verstand (*logos*) und Wahrheit im Sinn von *adaequatio rei et intellectus* erst möglich macht. Sie ist im Geschaffensein der Wirklichkeit nach den Ideen Gottes begründet. Jede endliche Erkenntnis schließt einen Ausgriff auf die unendliche, letztlich absolute Wahrheit ein (vgl. Thomas von Aquin, Quaestiones

disputatae de veritate q. 1, 1). Das bedeutet: So wie es bei der Treue-Wahrheit einen noch nicht eingelösten eschatologischen Verheißungsüberschuss gibt, so schließt analog jede Aussagewahrheit einen Vorgriff auf eine nie einholbare absolute Wahrheit und ein Auf-dem-Weg-Sein auf ein unendliches Geheimnis hin.

60 Augustinus, In Ioan 29,6. Zu dieser Formel J. B. Metz, Credere Deum, Deo, in Deum, in: LThK 3 (1959) 86–88. Zur Weiterführung vgl. unten Anm. 257.

61 Vgl. R. Schnackenburg, Das Johannesevangelium (HThKNT Bd. 4/2, 1965–94), 48–50; Bd. 4/3, 112 ff; 441 f.

62 Grundlegend waren Augustinus' *De praedestinatione sanctorum: De dono perseverantiae* und die Entscheidungen der Synode von Orange (529). Das Trienter Konzil hat der These Luthers von der Glaubensgewissheit die Hoffnungsgewissheit entgegengesetzt (DS 1541; 1566; 1572). Diesem Gegensatz lag ein unterschiedliches Verständnis des Glaubens zugrunde, das heute als überwunden gelten kann. Der Glaube ist kein bloßes Für-wahr-Halten; dieses ist vielmehr die Grundlage, die sich im geduldigen hoffenden Ausstrecken auf das eschatologische Ziel bewährt. Glaube und Hoffnung können unterschieden, aber nie geschieden werden. Diese Beharrlichkeit in allen Widrigkeiten bis ans Ende ist Gnade; sie kann nicht gewiss sein, sondern nur erhofft und erbeten werden. Vgl. S. Pfürtner, Luther und Thomas im Gespräch. Unser Heil zwischen Hoffnung und Gefährdung, Heidelberg 1961; LThK 2 (1994) 151 f.

63 Vgl. zum Folgenden die Kommentare zum Römerbrief von E. Käsemann, in: HNT 8a (1973); H. Schlier, Der Römerbrief (HThKNT 6), Freiburg im Breisgau 1977; U. Wilckens, Der Brief an die Römer (EKK 6,1–3), Neukirchen 1978–82; M. Theobald, Der Römerbrief, Darmstadt 2000; W. Klaiber, Der Römerbrief, Neukirchen-Vluyn 2009.

64 Auf die schwierigen Fragen von Urstand und Ursünde kann in diesem Zusammenhang nicht im Einzelnen eingegangen werden. Die Probleme ergeben sich nicht nur aus dem modernen evolutiven Weltbild, in dem für ein vorzeitliches Paradies kein Platz ist. Die Probleme ergeben sich aus der literarischen Gattung der biblischen Erzählung selbst. Sie ist kein historischer Bericht, sondern bedient sich mythologischer Bildersprache. Das bedeutet nicht, dass sie von Spekulationen und Fantastereien spricht; sie sucht, in mythischer Sprache Wirklichkeit auszusagen und die Wirklichkeit, in der wir uns vorfinden, zu deuten. Schon die Begriffe Urgeschichte und Urstand sagen, dass es sich dabei nicht um eine vor- oder innergeschichtliche Phase handelt, sondern um eine unvordenkliche Ursituation, die als solche weder

historisch noch denkerisch hintergehbar ist und die als solche die gesamte Geschichte bestimmt. Dabei legt die Bibel Wert darauf, diese verfahrene Ursituation nicht auf Gott selbst zurückzuführen und sie nicht dem Schöpfer anzulasten. Die Schöpfung, wie sie aus der Hand Gottes hervorgegangen ist, ist gut, ja sehr gut ist, sie ist keine Fehlkonstruktion. Darum hilft es nicht weiter, das Problem des Urstands und der Ursünde in die Dialektik der menschlichen Existenz zu verlegen. Das kann nur zu einem der Bibel fremden dualistischen Manichäismus führen. In Wirklichkeit verbirgt sich in der Paradiesesgeschichte das theologisch schwierigste wie das existenziell schwerste aller theologischen Probleme, das Theodizee-Problem. Es ist theoretisch nicht auflösbar. Denn wir können das Verhältnis der göttlichen und der menschlichen Freiheit nicht von einem neutralen dritten Zuschauerstandpunkt aus anschauen und durchschauen. Sowohl die Freiheit des Menschen und erst recht die Freiheit Gottes sind ein undurchdringliches Geheimnis, das Verhältnis beider ist darum das Geheimnis über ein Geheimnis. Wer kann es schon auflösen und beantworten? Als Christen können wir die Verstrickung in eine denkerisch unvordenkliche und historisch nicht hintergehbare Ursituation des Menschen nur im Licht der größeren Barmherzigkeit Gottes, welche von Anfang an Hoffnung in das geheimnisschwere Dunkel die Welt gebracht hat, annehmen. Die Probleme sind gut dargestellt in: LThK 10 (2001) 468 f; 486–488 und in RGG 8 (2005) 825–830; 841–848. Das Theodizee-Problem ist mehrfach angesprochen in: Kasper, Barmherzigkeit [Anm. 54].

65 H. Petri, Art. Protoevangelium, in: LThK 8 (1999) 666–668.

66 So die Theologie der *felix culpa* im *Exsultet* der Osternachtfeier, das auf Ambrosius von Mailand zurückgeht und das Augustinus der Sache nach auslegt in dem Enchiridion de fide, spe et caritate, XXVIII, 104–108. Ebenso Thomas von Aquin, S. th. III q.1, 3 ad 3. Vgl. G. Wieland, Felix culpa – die philosophisch-theologische Sicht; in: Deutsche Vierteljahresschrift für Literaturwissenschaft und Geistesgeschichte 82 (2008), Heft 2, 158–167. Vgl. das oben Anm. 37 zu K. Rahner und das Anm. 40 zu E. Bloch Gesagte.

67 Vgl. oben Anm. 40.

68 Dazu unten Kap. III.

69 Gen 18,9–19; 21,6 f; Ex 15,20 f; 1 Sam 2,1–10; Jud 16,1–17; Est; Lk 1,37. Vgl. oben Kap. I.

70 H. Schlier, Mächte und Gewalten im Neuen Testament (QD 3), Freiburg im Breisgau 1958. Uns modernen Menschen sind diese Aussagen des Apostels Paulus fremd geworden; sie kommen uns archaisch und mythisch vor. Bei Licht besehen bringen sie jedoch auch für uns heute,

heute vielleicht noch mehr als in der Vergangenheit, eine erfahrbare Wirklichkeit zum Ausdruck, nämlich das Verstricktsein in die Welt, in den Geist und Ungeist der Welt, in weltliche Strukturen und Mentalitäten, denen sich der Einzelne kaum oder oft gar nicht entziehen kann. So hat Johannes Paul II. mehrfach von Strukturen der Sünde in der Welt gesprochen. In ihnen haben sich böse Früchte von Einstellungen und Handlungen gleichsam abgelagert und institutionell verfestigt: Enzyklika *Sollicitudo rei socialis* (1987) 35–37; *Centesimus annu* (1991) 38; *Evangelii vitae* (1995) 59. Vgl. LThK 9 (2000) 1051–53.

71 H. Cox, Das Fest der Narren. Das Gelächter ist der Hoffnung letzte Waffe, Gütersloh 1977.

72 Zur christlichen Freiheit: Überblick in LThK 4 (1995) 99–107. Außerdem: H. Schlier, Zur Freiheit gerufen. Das paulinische Freiheitsverständnis, in: ders., Das Ende der Zeit (Exegetische Aufsätze und Vorträge III), Freiburg 1971, 216–233; E. Käsemann, Der Ruf der Freiheit, Tübingen [2]1972; B. Häring, Frei in Christus, 3 Bde., Freiburg im Breisgau 1979–81; E. Schockenhoff, Theologie der Freiheit, Freiburg im Breisgau 2007; Th. Pröpper, Theologische Anthropologie, 2 Bde., Freiburg im Breisgau 2011.

73 J. Moltmann, Die ersten Freigelassenen der Schöpfung, München 1977.

74 Augustinus, Enchiridion de fide, spe et caritate, XXVIII, 196.

75 Augustinus, In epistolam Ioan. tr. VII, 8.

76 M. Luther, WA 7, 21.

77 LG 35, AA 9–14.

78 Zur innerkirchlichen Dimension vgl. unten Kap. VI.

III Lebensfreude als Zustimmung zur Welt

79 Überblick über die Begriffsgeschichte bei J. Ritter/R. Spaemann, Art. Glück, Glückseligkeit, in: HWPh III (1974) 679–707. Zur antiken und biblischen Begriffsgeschichte vgl. O. Michel, Art. Freude, in: RAC 8 (1972), 348–418.

80 Augustinus, De libero arbitrio, 14.

81 O. F. Bollnow (1941), Das Wesen der Stimmungen, Frankfurt am Main 1941.

82 Hildegard von Bingen, Das Buch der Lebensverdienste, Beuron 2014, 267.

83 Augustinus hat unterschieden zwischen gebrauchen (*uti*) und genießen (*frui*), wobei »genießen« für ihn bedeutet: die Dinge als Letztwert zu verstehen. Vgl. De doctrina christiana I, 3f.

84 M. Luther erwähnt das Bier, besonders das Torgauer Bier, in seinen Tischreden sehr oft.

85 Dtn 12,7.18; 14,26; 16,11.15; 14.26; 26,11; 30,9; 1 Sam 4,5 f; 2 Sam 6,5.14. Es findet sich freilich auch scharfe prophetische Kritik am Trubel und Jubel von Festen, Opfern und an der Tempelprostitution. zusammen mit einem Ruf zu Umkehr und Gerechtigkeit (Am 5,21 ff; Hos 8,12 ff; 9,1 f; 10,5; Jes 1,14 ff).

86 Jes 62,5; 65,19; Zef 3,17.

87 Zu der der heutigen Menschheit gestellten Herausforderung der Bewahrung der Schöpfung vgl. die Enzyklika von Papst Franziskus *Laudato sì* (2015).

88 TRE 6 (1980) 491–515; LThK 4 (1995) 871–878; RGG 3 (2000) 1159–1163. Zur scholastischen Diskussion K. Krämer, Imago trinitatis: Die Gottebenbildlichkeit des Menschen in der Theologie des Thomas von Aquin (FThSt 164), Freiburg im Breisgau 2000.

89 J. Höffner, Christentum und Menschenwürde. Das Anliegen der spanischen Kolonialethik im Goldenen Zeitalter, Trier 1947; B. Tierney, The Idea of Natural Rights. Studies on Natural Rights, Natural Law and Church Law. 1150–1625, Cambridge 1997. Ähnlich wurde die zentrale Stellung des Menschen im Kosmos schon vor dem Renaissance-Humanismus von Hildegard von Bingen im 12. Jahrhundert (M. Zátonyi, Hildegard von Bingen, Münster 2017, 132–136) und in anderer Weise von Thomas von Aquin im 13. Jahrhundert (M. Seckler, Das Heil in der Geschichte, München 1964, 87–95) herausgestellt.

90 M. Buber, Ich und Du, in: Werke Bd. 1, München 1962, 77–170.

91 E. Lévinas, Die Spur des Anderen. Untersuchungen zur Phänomenologie und Sozialanthropologie, Freiburg-München 1983.

92 In diesem Sinn unterscheidet man zwischen *sex*, das heißt biologischem Geschlecht, und *gender*, das heißt der sozio-kulturellen Geschlechterrolle, deren Variabilität und Implikationen Gegenstand der Genderforschung ist. Problematisch wird diese Unterscheidung, wenn in ideologischen Gender-Theorien aus dieser Unterscheidung eine grundsätzliche Scheidung wird und die biologische Unterscheidung gleichgültig und austauschbar wird für die personale Identität von Mann und Frau. Das läuft auf ein dualistisches Menschenbild hinaus, das im Widerspruch steht zum christlichen Verständnis der Leib-Seele-Einheit des Menschen.

93 Zur Frage der verantwortlichen Elternschaft GS 50; Papst Franziskus, *Amoris laetitia*, 42; 82; 167, 222.

94 Vgl. Ps 8; 19; 33; 65; 104 und viele Aussagen innerhalb anderer Psalmen.

95 Hildegard von Bingen, Das Buch vom Wirken Gottes, Beuron 2012, 22 f.

96 Im Grunde ist das auch die Methode des Thomas von Aquin in S. th. I, q. 2, 3. Er spricht gar nicht von Gottesbeweisen, er spricht sondern von fünf Wegen, um die Existenz Gottes aufzuweisen. Diese Wege führen zu einem unbewegten Beweger, einer ersten Ursache, einem letzten Ziel u. a., von dem Thomas dann sagt: »und das nennen alle Gott«. Damit vollzieht er eine Identifikation und Interpretation des Ergebnisses einer philosophischen Reflexion mit dem, was alle als Gott bezeichnen. Thomas ist sich freilich der Grenzen der natürlichen Gotteserkenntnis bewusst. Sie ist nur wenigen möglich, langwierig und mit vielen Irrtümern verbunden (I q. 1, 1). Mit ihrer Hilfe können wir wissen, *dass* Gott ist, aber nicht, *was* Gott ist, eher, was er nicht ist (I q. 1, 7 ad 1 und 9 ad 3). Deshalb sind wir um unseres Heils willen auf die geschichtliche Offenbarung Gottes angewiesen. Vgl. S. c. g. I c. 3 f.

97 Die Schriften des Hl. Franziskus von Assisi, hg. von K. Esser und L. Hardick, Werl ^{4}1972, 35. Der vollständige Text ebd., 164 f.

98 Ich schließe mich im Folgenden weitgehend den Ausführungen von K. Barth, Kirchliche Dogmatik, Bd. III/4, Zollikon-Zürich 1957, 426–439, an.

99 Dazu das viel zu wenig beachtete Apostolische Schreiben von Johannes Paul II., *Dies Domini* (1998).

100 Dazu ausführlich: W. Kasper, Aspekte einer Theologie der Liturgie. Liturgie angesichts der Krise der Moderne. Für eine neue liturgische Kultur, in: WKGS 10, Freiburg im Breisgau 2015, 15–24.

101 Augustinus, De civ. Dei XIX, 1.

102 Vgl. Thomas von Aquin, S. th. I/II q. 31, 1–3.

103 J. Pieper, Das Viergespann, München 1964, 214.

104 Thomas von Aquin, S. th. I/II q. 31, 5.

105 Thomas von Aquin, S. th. I/II q. 31, 3 ad 3; vgl. Super Psalmos, Ps. 50 n. 5.

106 Zur reflexiven Struktur der menschlichen Erkenntnis vgl. Thomas von Aquin, De veritate q. 1, 9. Dieser Text wurde grundlegend für die transzendentale Thomas-Deutung von P. Rousselot und von J. Maréchal, die K. Rahner beeinflusst hat in seinem frühen, für sein weiteres Denken einflussreichen Werk *Geist in Welt. Zur Metaphysik der menschlichen Erkenntnis bei Thomas von Aquin* (1939), 2. Aufl. München 1957, jetzt Karl Rahner, Sämtliche Werke Bd. 2, Freiburg im Breisgau 2017.

107 Thomas von Aquin, S. th. I q. 76, 1; I/II q. 55, 2 u. a.

108 Tertullian, De carnis resurrectione 8, 3.

109 Thomas von Aquin, S. th. I/II q. 31, 5 ad 3.

110 Grundlegend für solche ganzheitliche Erfahrung: H. Plessner, Philosophische Anthropologie. Lachen und Weinen. Das Lächeln. Anthropologie der Sinne, München 1970.

111 Thomas von Aquin, Super Psalmos 50 n. 5.

112 S. th. I/II 31, 6. Die ästhetische Dimension des Erkennens hat H. U. von Balthasar im ersten Band von *Herrlichkeit. Eine theologische Ästhetik: Die Schau der Gestalt,* Einsiedeln 1961, herausgestellt.

113 Augustinus, Confessiones IX, 14. Zu den Freuden des Gehörs, ebd., X, 33,49 ff. Bekannt ist die ähnliche Bekehrungserfahrung von Paul Claudel, als er im Jahr 1886 in Notre Dame in Paris gewissermaßen zufällig der Weihnachtsvesper beiwohnte.

114 Thomas von Aquin, S. th. I/II q. 33, 3.

115 Thomas von Aquin, S. th. I/II q. 34, 1.

116 Thomas von Aquin, S. th. I/II q. 60, 4.

117 Aristoteles, Nik. Ethik 1100 b 10.

118 Thomas von Aquin, S. th. I/II q. 31, 5 ad 3; q. 32, 1 ad 3; q. 32, 2.

119 Thomas von Aquin, S. th. I/II q. 56, 3.

120 Thomas von Aquin, S. th. I/II q. 64.

121 Thomas von Aquin, S. th. II/II q. 47. Dazu Pieper, Das Viergespann [Anm. 103], 20 f; 36 f; E. Schockenhoff, Art. Klugheit, in: LThK 6 (1997) 151 f.

122 Thomas von Aquin, S. th. I/II q. 55, 1 und 2 u. a.

123 Zur Tugend der *temperantia* vgl. Pieper, Das Viergespann [Anm. 103], 201–244.

124 Aristoteles Met. 50, c. 2 n. 2 2 ff; Thomas von Aquin, S. th. I, q. 1, 6; S. th. I/II, q. 57, 2; S. c. g. I, c. 1.

125 Boethius, De consolatione philosophiae, 1177 a 27, zit. bei Thomas von Aquin, S. c. g. III c. 63.

IV Gott, mein ganzes Glück und meine Freude

126 Zu Thomas von Aquin besonders J. P. Torrell, Saint Thomas d'Aquin – maître spirituel, Rom 2002. Im Übrigen: K. Barth, Kirchliche Dogmatik Bd. III/4, Zollikon-Zürich 1957, 426–439; A. Auer, Art. Freude, in: LThK 4 (1960) 361–463; H. Volk, Art. Freude, in: HthG 1 (1962) 414–419; J. Moltmann, Die ersten Freigelassenen der Schöpfung, München 1971; O. Michel, Art. Freude, in: RAC 8 (1972) 348–418; F. Bussini, Art. joie, in: Dictionnaire de Spiritualité 8 (1974), 1236–1256; H. Cox, Das Fest der Narren [Anm. 71]; J. Sudbrack, Art. Freude, in: PWPA (1975) 337–340; A. Bernhardus/L. Steiger/H. Scjrper, Art. Freude, in: TRE 11 (1983) 584–590; G. Hunold u. a., Art. Freude, in: LThK 4 (1995) 130–132; Art. Freude, in: RGG 3 (2000) 348 f.

127 Augustinus, De civ. Dei XIX, 1. Überblick über die Begriffsgeschichte: J. Ritter / R. Spaemann, Art. Glück, Glückseligkeit, in: HWPh III (1974) 679–707.

128 Thomas von Aquin, S. th. I/II q. 2; S. c. g. III c. 27–36.

129 D. Bonhoeffer, Widerstand und Ergebung. Briefe und Aufzeichnungen aus der Haft, hg. von E. Bethge, München [2]1977, 307 f; 373 f; 393, jetzt in Dietrich Bonhoeffer Werke Bd. 8.

130 Aristoteles, De anima VIII, 431 b 25; Thomas von Aquin, S. th. I, q. 16, 3; S. c. g. I c. 44; Quaestiones disputatae de veritate q. I, 1. Vgl. K. Krämer, Imago Trinitatis. Die Gottebenbildlichkeit des Menschen in der Theologie des Thomas von Aquin (FThSt 164), Freiburg im Breisgau 2000.

131 Thomas von Aquin, S. th. I, q. 12, 1; 82, 2 u. a.

132 Augustinus, Confessiones I, 1.

133 Diese Maxime des Ignatius von Loyola hat eine Vorgeschichte in der Mystik von Meister Eckhart und Heinrich Seuse; sie findet sich wieder bei Thomas von Kempen und hat Parallelen bei Martin Luther. Vgl. E. Iserloh, Gott finden in allen Dingen. Die Botschaft des heiligen Ignatius von Loyola an unsere Zeit, in: Kirche – Ereignis und Institution, Bd. 1, Münster 1985, 216–231; J. Sudbrack, »Gott in allen Dingen finden«. Eine ignatianische Maxime und ihr metahistorischer Hintergrund, München 1992.

134 LG 30–38, AA 2; 5.

135 A. Camus, Der Mythos von Sisyphos. Versuch über das Absurde (1942), Reinbek bei Hamburg 1950; Neuübersetzung: Der Mythos des Sisyphos. Übersetzt von Vincent Wroblewsky, Reinbek bei Hamburg 2000.

136 B. Pascal, Über die Religion (Pensées), übertragen von E. Wasmuth, Heidelberg 1963, Fr. 526–528; 546–549; 556 u. a; vgl. H. de Lubac, Das Paradox des Menschen, Einsiedeln 1971.

137 O. H. Pesch, Theologie der Rechtfertigung bei Martin Luther und Thomas von Aquin. Versuch eines systematisch-theologischen Dialogs, Mainz 1967. Das alte kontroverstheologische Problem ist durch die *Gemeinsame Erklärung zur Rechtfertigungslehre* (1999) durch offizielle Erklärung beider Seiten in den Grundfragen überwunden worden. Zu den noch offenen Fragen gehört die Frage, die man missverständlich als Frage der Mitwirkung des Menschen am Heil bezeichnet. Dabei geht es nicht, wie gleich zu zeigen sein wird, um das Zusammenwirken von Gott und Mensch als zwei Partnern, sondern um die gnadenhafte Befreiung des Menschen zu seiner Freiheit und damit um eine Botschaft von der Freude.

138 Vgl. oben Kap. II.

139 ThWNT II (1954) 706–735; RAC 6 (1966) 1104–60; LThK 3 (1995) 1968–65; RGG 2 (1999) 1735–42, jeweils mit reichlichen Literaturangaben.

140 Psalm 2; 18; 20; 21; 45; 72; 110 u. a.

141 Vgl. außerdem: Psalm 5,12; 9,3; 13,6; 16,9; 35,9; 84,3; 89,17; 149,2 u. a.

142 R. Schnackenburg, Gottes Herrschaft und Reich, Freiburg im Breisgau [3]1963: H. Schürmann, Gottes Reich – Jesu Geschick, Freiburg im Breisgau 1983; H. Merklein, Jesu Botschaft von der Gottesherrschaft, Stuttgart 1989; LThK 5 (1996) 26–38.

143 M. Buber, Geschehende Geschichte (Werke Bd. 2), München 1964, 1031–36.

144 Offensichtlich greift hier Paulus eine ältere judenchristliche Credo-Formel auf, gestaltet sie aber im Sinn seiner Christologie weiter und nimmt ihr den ursprünglich adoptianisch klingenden Charakter. Jesus Christus ist ihm von Ewigkeit Sohn Gottes, aber Sohn Gottes in Macht ist er aufgrund der Auferstehung. Durch sie hat Gott seine Macht und Herrlichkeit endgültig erwiesen, die nun in der Verkündigung des Evangeliums wirksam ist. Vgl. die Kommentare: E. Käsemann, An die Römer (HNT 8a), Tübingen 1973, 4–11; H. Schlier, Der Römerbrief (HThKNT 6), Freiburg im Breisgau 1977, 22–27; U. Wilckens, Der Brief an die Römer (EKK VI/1), Düsseldorf 2009, 64–67; M. Theobald, Der Römerbrief, Darmstadt 2000, 167–175; W. Klaiber, Der Römerbrief (BNT), Neukirchen-Vluyn 2009, 18–23.

145 Zu Gal 4,4 vgl. H. Schlier, Der Brief an die Galater (KeK NT, 11), Göttingen[11]1951, 135 f; F. Mussner, Der Galaterbrief (HThKNT 9), Freiburg im Breisgau 1974, 268 f; J. Becker, Der Brief an die Galater (NTD 8/1), Göttingen 1998, 63 f.

146 M. Theobald, Der Römerbrief [Anm. 144], 119.

147 Eine Ausnahme: M. J. Scheeben, Handbuch der katholischen Dogmatik, Bd. 2, Freiburg im Breisgau 1948, 286–289.

148 Gregor von Nyssa, Acht Homilien über die acht Seligkeiten, erste Rede, 1.

149 Thomas von Aquin, S. th. I, q. 26; vgl. II/II, q. 28, 3 f.; S. c. g. I c. 100–102.

150 Thomas von Aquin, S. th. I q. 5, 4 ad 1.

151 Augustinus, De trinitate V, 15. 19. Vgl. W. Kasper, Der Gott Jesu Christi (1982) (WKGS 4), Freiburg im Breisgau 2008, 354 f.

152 Richard von St. Viktor, De trinitate, 190–196; 202; 208–212 (zit. nach RGG III, 348 f).

153 Thomas von Aquin, S. th. I q. 38, 1 f.

154 Thomas von Aquin, S. th. II/II q. 28, 1.

155 In diesem Sinn hat R. Otto, Das Heilige (1917), München 1963, von dem Kontrastphänomen des *mysterium tremendum fascinosum* gesprochen.

156 Zur Bildhermeneutik der Visionen der Hildegard von Bingen besonders in ihren Werken *Wisse die Wege (Scivias),* Beuron 2010, und *Das Buch vom Wirken Gottes,* Beuron 2012; vgl. M. Zátonyi, Hildegard von Bingen [Anm. 89], 38 f; 128–132.

157 Gertrud die Große, Gesandter der göttlichen Liebe; Mechthild von Magdeburg, »Ich tanze, wenn du mich führst«; Mechthild von Hackeborn, Das Buch vom strömenden Lob; alle in: Die Grundwerke der drei großen Frauen von Helfta: Perlen deutscher Mystik, Freiburg im Breisgau 2001.

158 Torrell, Saint Thomas d'Aquin – maître spirituel [Anm. 126].

159 M. Seckler, Das Heil in der Geschichte. Geschichtstheologisches Denken bei Thomas von Aquin, München 1964.

160 Thomas von Aquin, S. th. I/II q. 2 a.8.

161 Thomas von Aquin, S. th. III q. 1, 2.

162 Thomas von Aquin, S. th. III 1q. 2; S. c. g. IV c. 48. 54; Compendium theol., 200.

163 So die grundsätzliche Einleitung zu Thomas von Aquin, S. th. III.

164 Augustinus, De civ. Dei XI, 2.

165 Thomas von Aquin, Sent III d. 1 q. 1 a. 2.

166 Thomas von Aquin, S. th. II/II q. 28, 1; vgl. Torrell, Saint Thomas d'Aquin – maître spirituel [Anm. 126], 177 ff.

167 Thomas von Aquin, I Sent d. 14–18; S. th. I q. 43 a. 3 und a. 7.

168 S. th. I/II 106–189. Vgl. S. T. Pinckaers, La loi évangélique, vie selon l'Esprit et le Sermon sur la montagne, NV 1985, 217–228.

169 Thomas von Aquin, S. th. I/II q. 108, 1; S. c. g. IV c. 22; In ad Galatas 5 lect. 6–7 nn. 327–341. Wieder kann man überrascht feststellen, dass Thomas und Luther in dieser Frage zwar nicht im Wortlaut und in der Denkform, wohl aber in der Sache viel näher beieinander sind, als gewöhnlich angenommen wird. Vgl. Pesch, Theologie der Rechtfertigung bei Martin Luther und Thomas von Aquin [Anm. 137]; U. Kühn, Via caritatis. Theologie des Gesetzes bei Thomas von Aquin, Göttingen 1965.

170 Thomas von Aquin, S. th. I/II q. 31 a. 3 ad 3. Vgl. oben Kap. III.

171 Thomas von Aquin, S. th. I/II q. 31, 4 und 5.

172 Thomas von Aquin, S. th. II/II q. 23 ,1 f. Vgl. dazu unten Kap. V.

173 Thomas von Aquin, S. th. II/II 28, 1.

174 Thomas von Aquin, S. th. I q. 12 a. 13 ad 1.

175 Thomas von Aquin, S. th. II/II q. 20 a. 4.

176 P. Murray, Aquinas at Prayer. The Bible, Mysticism and Poetry, London 2013.

177 B. McGinn, Die Mystik im Abendland, Bd. 3, Freiburg im Breisgau 1999, 507–548; Bd. 4, 2016, 329–412.

178 V. Leppin, Die fremde Reformation. Luthers mystische Wurzeln, München 2016.

179 E. Longpré, Saint François d'Assisi, in: Dictionnaire de Spiritualité 5 (1964) 1271–1303; A. Blasucci, Spiritualité franciscaine, in: Dictionnaire de Spiritualité 5 (1964) 1315–1345, zum Thema Freude 1332–1333.

180 Vgl. die Texte bei Bonaventura bei Blasucci, Spiritualité franciscaine [Anm. 179], 1332 f.

181 Die Schriften des hl. Franziskus von Assisi [Anm. 97], 59.

182 Bonaventura, Itinerarium mentis ad Deum IV, 2 und VII, 6.

183 Zur Diskussion vgl. J. Pohle/J. Gummersbach, Lehrbuch der Dogmatik, Bd. 2, Paderborn [10]1956, 241–244.

184 Zur kirchlichen Dimension der Freude vgl. unten Kap. VI.

185 DV 21.

186 DV 21–26.

187 U. Wilckens/W. Kasper, Weckruf Ökumene, Freiburg im Breisgau 2017, 11–20.

188 DV 9.

189 Die Frage, wie beide Methoden miteinander verbunden werden können, stellt ein wichtiges Grundlagenproblem der Theologie dar, um das noch immer gerungen wird. Das Problem wurde zunächst vor allem in der französischen Theologie gestellt durch die Neuentdeckung und Neuerschließung des geistigen Verständnisses der Heiligen Schrift bei den Kirchenvätern und in der hochmittelalterlichen Theologie aufgeworfen. Von grundlegender Bedeutung sind die Veröffentlichungen von Henri de Lubac. Deutsche Übersetzungen: Der geistige Sinn der Schrift, Einsiedeln 1952; Geist aus der Geschichte. Das Schriftverständnis des Origenes, Einsiedeln 1968; Typologie, Allegorie, geistiger Sinn, Einsiedeln 1999. In anderer Weise wurde das Problem in den 1950er-Jahren in der Debatte um das Entmythologisierungsprogramm und die existentiale Interpretation der Heiligen Schrift durch Rudolf Bultmann ausführlich und sehr kontrovers diskutiert. Es bestand die Gefahr, dass die Heilsgeschichte in ein reines Sprach-Ereignis aufgelöst wird. Dem sind namhafte Bultmann-Schüler dadurch zuvorgekommen, dass sie die Frage nach dem historischen Jesus neu gestellt haben. In diesem Sinn: W. Kasper, Jesus der Christus (1974) (WKGS 3), Freiburg im Breisgau 2007. J. Ratzinger/Benedikt XVI., Jesus von Nazareth, Bd. 1–3, Freiburg im Breisgau 2007–12, geht aus ei-

ner etwas anderen Perspektive dasselbe Problem an. Die Frage einer sachgemäßen theologischen Hermeneutik ist jedoch noch immer virulent und stellt noch immer eine dringende *quaestio disputanda* dar. Vgl. U. Wilckens, Theologie des Neuen Testaments, Bd. 3: Historische Kritik der historisch-kritischen Exegese. Von der Aufklärung bis zur Gegenwart, Göttingen 2017. Bescheidene eigene Beiträge in: W. Kasper, Evangelium und Dogma (WKGS Bd. 7), Freiburg im Breisgau 2015, Teil 2: Das Wort Gottes in der Heiligen Schrift.

190 DV 25. Dazu E. Bianchi, DICH finden in deinem Wort. Die geistliche Schriftlesung, Freiburg im Breisgau 1988; ders., Gott im Wort. Die geistliche Schriftlesung, Eichstätt 1997; H. Riedlinger, Geistliche Schriftlesung, in: Praktisches Lexikon der Spiritualität, Freiburg im Breisgau 1988, 483–489. Vgl. dazu auch oben Kap. IV.

191 Die Literatur zum Thema ist kaum überschaubar groß. Ich verweise auf einige frühere Veröffentlichungen mit weiterführenden Literaturangaben: W. Kasper, Sakrament der Einheit. Eucharistie und Kirche, Freiburg im Breisgau 2004; Die Liturgie der Kirche (WKGS 10), Freiburg im Breisgau 2010; Die liturgische Erneuerung – die erste und sichtbarste Frucht des Konzils, in: M. Klöckner u. a. (Hg.), Die sichtbarste Frucht des Konzils. Beiträge zur Liturgie in der Schweiz, Fribourg 2015, 104–118. Außerdem J. Ratzinger, Theologie der Liturgie. Die sakramentale Begründung der christlichen Existenz (JRGS Bd. 11), Freiburg im Breisgau 2010.

192 Augustinus, In Ioann. tr. 80, 3; Thomas von Aquin, S. th. III q. 60, 6–8.

193 SC 2.

194 SC 10; LG 11. A. Gerhards, Gipfelpunkt und Quelle. Intention und Rezeption der Liturgiekonstitution Sacrosanctum Concilium, in: J.-H. Tück (Hg.), Erinnerung an die Zukunft. Das Zweite Vatikanische Konzil, Freiburg im Breisgau [2]2013, 127–146.

195 Die drei Dimensionen der Sakramente bei Thomas von Aquin, S. th. III q. 60, 3.

196 Hildegard von Bingen, Prophetisches Vermächtnis, Beuron 2016, 66 f; Zátonyi, Hildegard von Bingen [Anm. 89], 150 f. Aus moderner evolutiver Sicht P. Teilhard de Chardin, Lobgesang des Alls, Olten-Freiburg im Breisgau 1961.

197 SC 112–121.

198 P. Murray, Aquinas at Prayer. The Bible, Mysticism and Poetry, London 2013, 187–255.

199 Dazu habe ich mich zuletzt nochmals geäußert in: Wilckens / Kasper, Weckruf Ökumene [Anm. 187], 42 f.

200 SC 43.

201 SC 11; 14, 21; 26; 30; 48; *5;* in Bezug auf das Stundengebet SC 83 f; 99.

202 SC 11.

203 J. Auer, Geistige Kommunion. Sinn und Praxis der communio spiritualis und ihre Bedeutung für unsere Zeit, in: GuL 24 (1951) 113–132; L. de Bazelaire, Communion spirituelle, in: Dict. spir. 22 (1963) 1294–1301; H. R. Schlette, Kommunikation und Sakrament (QD 8). Freiburg im Breisgau 1959; R. Taft, Receiving Communion. A Forgotten Symbol, in: Worship 57 (1983) 412–418; G. Panni, La comunione spirituale, in: Civ. catt. 3957 (2015) 224–237.

204 So hat Pius XII. in den Enzykliken *Mystici coporis* (1943) und *Mediator Dei* (1946) die Liturgie als öffentlichen Kult des mystischen Leibes Christi, seines Hauptes und seiner Glieder bestimmt (DS 3841; 3943).

205 SC 5; 6; 47; 61; 102 f; 104; 106; 107; 109; GS 22; OT 8. Dazu: LThK 7 (1998) 1410 f; W. Haunerland, Erneuerung aus dem Paschamysterium. Zur heilsgeschichtlichen Leitidee der Liturgiekonstitution, in: IkaZ Communio (2012) 616–625; Mysterium paschale, Schlüsselbegriff liturgischer Erneuerung, in: G. Augustin / K. Koch, Liturgie als Mitte christlichen Lebens (Theologie im Dialog 7), Freiburg im Breisgau 2012,189–209.

206 Wirksam geworden ist vor allem die Mysterientheologie von O. Casel, Das christliche Kult-Mysterium, 1932; Das christliche Festmysterium, 1941; Glaube, Gnosis, Mysterium, 1941 u. a. A. Schilson, Theologie als Sakramententheologie. Die Mysterientheologie Odo Casels (TTS 18), Mainz 1982. K. H. Menke, Die Sakramentalität der Eucharistie, in: IkaZ Communio 42 (2013) 249–269.

207 Vgl. oben Kap. II.

208 Thomas von Aquin, S. th. I / II q. 113,9; III q. 43,4 ad 2.

209 Zit nach dem Apostolischen Schreiben von Johannes Paul II., *Dies Domini* (1998), 46.

V Gott, unser bester Freund

210 RAC 8 (1972) 418–434; ThWNT IX (1973) 112–169; TRE 11 (1983) 590–599; LThK 4 (1995) 132–135.

211 R. Schnackenburg, Das Johannesevangelium (HthKNT Bd. 4, Teil 3), Freiburg im Breisgau 1975, 123–128.

212 Zu dieser antiken Regel ThWNT IX (1973) 150 f.

213 K. Treu, Art. Freundschaft, in: RAC 8 (1972) 426–431.

214 Augustinus, Soliloquia 1.2.7 – 1.12.22.

215 Augustinus Confessiones IV, 4.7 – IV, 14.24.

216 Augustinus, De trinitate V, 16.7; IX, 6. 11.

217 Augustinus, De Genesi ad littearm 11,34.46.

218 G. W. F. Hegel, Phänomenologie des Geistes (WW Bd. 5, hg. J. Hoffmeister), 141–150.

219 F. Bussini, Art. Joie, in: Dict. de Spiritualité 8 (1974), 1236–1256 im Anschluss an J. Moltmann, Die ersten Freigelassenen der Schöpfung, München 1977.

220 Torrell, Saint Thomas d'Aquin – maître spirituel [Anm. 126].

221 Augustinus, In Ioan. 85, 1–3.

222 Augustinus, De civ. Dei XIX, 8; Ep. 127,13.

223 Thomas von Aquin, S. th. II/II q. 19,2.

224 Thomas von Aquin, III Sent d. 27 q. 2 a. 1.

225 Thomas von Aquin, S. th. I/II q. 65, a. 5; II/II q. 23 a. 1; vgl. S. c. g. IV, c. 21, nn. 3576 ff.

226 Thomas von Aquin, S. th, II/II q. 24 a. 2.

227 Vgl. oben Kap. IV.

228 Thomas von Aquin, S. th. II/II q. 23, 2.

229 Thomas von Aquin, S. th. II/II q. 25, 2.

230 Thomas von Aquin, S. th. II/II, q. 24, 4 ff.

231 Thomas von Aquin, S. th. II/II q. 19, 12.

232 Zur dramatischen Geschichte seiner Ordenswahl J. P. Torrell, Magister Thomas. Leben und Werk des Thomas von Aquin, Freiburg im Breisgau 1995, 26–34; zur Verteidigung des Mendikantentums ebd., 94–102.

233 Thomas von Aquin, S. th. II/II q. 186, 3.

234 Torrell, Magister Thomas [Anm. 232], 89–93.

235 Thomas von Aquin, S. th. II/II q. 23,1 ad 2 f.

236 Nur einige Hinweise auf die reiche Literatur zum Thema Gebet: R. Guardini, Vorschule des Betens, Mainz ²1948; H. U. von Balthasar, Das betrachtende Gebet, Einsiedeln 1965; K. Rahner, Gebete des Lebens, Freiburg im Breisgau ⁷1987; J. B. Metz/K. Rahner, Ermutigung zum Gebet, Freiburg im Breisgau ²1980; H. Schaller, Das Bittgebet, Einsiedeln 1979; Ch. Schütz, Art. Gebet, in: Praktisches Lexikon der Spiritualität, Freiburg im Breisgau 1988, 435–448; H. W. Gensichen u. a., Art. Gebet, in: LThK 4 (1995) 308–320.

237 Thomas von Aquin, S. th II/II q. 83, 1.

238 Thomas von Aquin, S. th. II/II q. 83, 2.

239 Teresa von Ávila, Werke und Briefe, Bd. 1, Freiburg im Breisgau 2015, 173 f.

240 Vgl. oben Kap. IV.

241 Hilfreich für meine Generation waren die in vielen Auflagen weit verbreiteten Schriften von R. Guardini, Vom Geist der Liturgie (1918); Von heiligen Zeichen (1927); Besinnung vor der Feier der heiligen Messe (1930), drei Bücher, die mir noch immer lesenswert erscheinen.

242 K. Rahner, Schriften zur Theologie, Bd. 14 1980, 198; Art. Mystik LThK 7 (1962) 743f . Einen umfassenden Überblick bei B. McGinn, Die Mystik im Abendland, Bd. 1, Freiburg im Breisgau 1994, 9–20; 383–481.

243 K. Rahner, Schriften zur Theologie, Bd. 7, 1966, 22; Bd. 14, 1980, 161, 181, 375.

244 Vgl. dazu das folgende Kapitel VI.

245 KKK Nr. 2447; Kasper, Barmherzigkeit. [Anm. 54], Kap. VI–VIII.

246 Vgl. zum Folgenden die reichen Quellenachweise in: RAC 8 (1972) 1061–1100; Gastfreundschaft, in: Praktisches Lexikon der Spiritualität, Freiburg im Breisgau 1988, 429–435; LThK 4 (1995) 299–301.

247 Vgl. RAC 8 (1972), 1067–74.

248 Vgl. RAC 8 (1972), 1103–20.

249 Vgl. oben Kap. III.

250 Reiches Material in: RAC 8 (1972), 1107–20.

251 Die Benediktus-Regel, hg. von B. Steidle, Beuron [5]1978, 150–155.

252 Sulpicius Severus, Leben des heiligen Bekennerbischofs Martinus, 3.

VI Ihr Freunde Gottes allzugleich

253 Tertullian, Apologie 18,4.

254 Zum Verständnis der Kirche als Institution M. Kehl, Kirche als Institution. Zur theologischen Begründung des institutionellen Charakters der Kirche in der neueren deutschsprachigen katholischen Ekklesiologie (FTS 22), Frankfurt am Main 1976.

255 LG 7. Vgl. W. Kasper, Katholische Kirche. Wesen-Wirklichkeit-Sendung, Freiburg im Breisgau 2011, 201–215 zur pneumatologisch-charismatischen Dimension der Kirche.

256 Der bekannte Origenes-Forscher P. Nautin hat die Meinung vertreten, die Formel im Credo *credo in ecclesiam* (ich glaube an die Kirche) habe ursprünglich gelautet: *credo in Spiritum sanctum in ecclesia* (ich glaube an den Heiligen Geist in der Kirche). Das mag historisch zweifelhaft sein, trifft aber in der Sache exakt zu. Denn das Bekenntnis zur Kirche steht innerhalb des dritten Artikels des Credo, der insgesamt vom Heiligen Geist und seinem Wirken handelt.

257 Augustinus, In Ioan tr. 29, 6. Vgl. oben Anm. 60.

258 Diese beiden Aspekte hat Y. Congar, Der Laie. Entwurf einer Theologie des Laientums (1952), Stuttgart 1956, 52–97, neu herausgearbeitet und dabei beide Gefahren herausgestellt: die Gefahr die Kirche als Zusammenschluss und Summe ihrer Glieder (protestantische Gefahr) und die Gefahr die Kirche als klerikale Heilsinstitution und als Kirche und Klerus ohne Volk (»katholizistische« Gefahr) zu verstehen.

259 Das ist das Kirchenverständnis von J. A. Möhler in seinem Frühwerk, Die Einheit in der Kirche (1825), Darmstadt 1957.

260 Vgl. außerdem: 2 Kor 2,3; 7,4.8 f; Phil 1,3 f; 2,27; 4,1.

261 Vgl. dazu J. A. Möhler, einen Wegbereiter des Zweiten Vatikanischen Konzils, Die Einheit in der Kirche (1825), Darmstadt 1956; und die grundlegenden Bücher von H. de Lubac, die maßgeblichen Einfluss auf das Zweite Vatikanische Konzil hatten: Catholicisme (1938), dt. Glauben aus der Liebe, Einsiedeln 1970; Méditations sur l'Église (1953), dt. Die Kirche. Eine Betrachtung, Einsiedeln 1968.

262 Johannes Paul II., Die Freude, die bleibt. Worte und Bilder der Begegnung. Mit einem Vorwort von H. U. v. Balthasar, Freiburg im Breisgau 1980.

263 Benedikt XVI., Botschaft zum XXVII. Weltjugendtag 2012. In »Künder des Wortes und Diener der Freude« (JRGS 123), Freiburg im Breisgau 2010, finden sich viele schöne Texte zum Thema Freude.

264 W. Kasper, Papst Franziskus. Revolution der Zärtlichkeit und der Liebe, Stuttgart 2015, 35–44.

265 Vgl. Art. Rezeption, in: LThK 8 (1999), 1147–52.

266 Aus der Fülle der Veröffentlichungen sei nur genannt: J.-H. Tück (Hg.), Erinnerung an die Zukunft. Das Zweite Vatikanische Konzil, Freiburg im Breisgau ²2013; Chr. Böttingheimer / R. Dausner (Hg.), Vaticanum 21. Die bleibenden Aufgaben des Zweiten Vatikanischen Konzils im 21. Jahrhundert, Freiburg im Breisgau 2016.

267 LG 8; UR 4. Y. Congar, Vraie et fausse réforme dans l'Église (Unam Sanctam 20) Paris 1950; neu: A. Spadaro e C. M. Galli (ed), La riforma e le riforme nella Chiesa, Brescia 2016.

268 Vgl. die oben Anm. 8 genannte Auslegung des Hymnus *Veni Sancte Spiritus* durch A. Delp.

269 Kasper, Katholische Kirche [Anm. 255], 247 f

270 Kol 2,8–23; 1 Tim 4,1–5; 6,2–10; 2 Tim 2,14 – 4,8; Tit 1,10–16; 3,9.11; 2 Petr 2,1–22; 1 Joh 2,18–27; 2 Joh 7–11; Jud 1,3–23.

271 H. U. v. Balthasar, Casta meretrix, in: Sponsa Christi. Skizzen zur Theologie II, Einsiedeln 1960, 205–305, bes. 289–297.

272 Vgl. die Hinweise bei Balthasar, Casta meretrix [Anm. 271], 297–302, auf Origenes, Ambrosius, Augustinus.

273 Vgl. Bernhards Kritik der Römischen Kurie in seinem Brief an seinen Schüler Papst Eugen III.

274 Vgl. den Brief der heiligen Hildegard an Werner von Kirchheim, den Papst Benedikt XVI. im Blick auf den Missbrauchsskandal beim Empfang für die Römische Kurie am 20. Dezember 2010 zitiert hat. Weitere Hinweise bei M. Zátonyi, Hildegard von Bingen [Anm. 89], 19.

275 B. McGinn, Die Mystik im Abendland, Bd. 5, Freiburg im Breisgau 2016, 342 ff; 351 ff; 375 ff.

276 Vgl. Dante, La Divina commedia, inferno, 19. Gesang und Purgatorio 32. Gesang.

277 Zweites Vatikanisches Konzil, *Lumen gentium* 8. Zum Verhältnis zwischen Heiligkeit und Sündhaftigkeit in der Kirche vgl. W. Kasper, Katholische Kirche [Anm. 255], 238–254.

278 Kasper, Katholische Kirche [Anm. 255], 196–201.

279 Vgl. U. Luz, Das Evangelium nach Matthäus (EKK 1/3), Zürich 1997, 37–51.

280 Ignatius von Loyola, Die Exerzitien, übertragen von H. U. von Balthasar, Einsiedeln 1946, 15.

281 H. J. Klauck, Konflikt und Versöhnung. Christsein nach dem zweiten Korintherbrief, Würzburg 1995.

282 LThK 4 (1995) 797 f.

283 Die Frage wurde wieder virulent in den Auseinandersetzungen um das Verhältnis von Natur und Gnade in der Mitte des letzten Jahrhunderts, heute in der Freiheitstheologie von Th. Pröpper und nicht zuletzt in der Moraltheologie bei der Verhältnisbestimmung von allgemeiner Norm und persönlicher Gewissensfreiheit.

284 Zum Thema Freundschaft vgl. oben Anm. 210. Außerdem H. J. Klauck, Kirche als Freundesgemeinschaft? Auf Spurensuche im NT, in: MthZ 42 (1991) 1–14.

285 Aristoteles, Nik. Ethik VIII f,

286 Cicero, Laelius de amicitia, 6, 20.

287 Augustinus, Soliloquia 1.2.7 – 1.12.22; Contra Academicos 3.6.13.

288 Zur Hauskirche: RAC 13, 897–905; TRE 14, 483–486; LThK 4 (1995) 1217–19; K. Lehmann, Gemeinde (CGG 29), Freiburg im Breisgau 1982, 5–65; H. J. Klauck, Gemeinde-Amt-Sakrament, Würzburg 1989.

289 LG 11; AA 11. Paul VI. hat in *Evangelii nuntiandi* (1975) 58, 71 den Impuls des Konzils aufgegriffen und die kirchlichen Basisgemeinschaften als Hoffnung für die universale Kirche anerkannt. Außerdem: Johannes Paul II. , *Familiaris consortio* (1981) 21, 49–64; *Redemptoris missio* (1990), 51; 1655–58; Franziskus, *Lumen fidei* (2013) 52 f; *Amoris laetitia* (2016) 15, 67, 315 f u. a.

290 Kleine christliche Gemeinschaften. Impulse für eine zukunftsfähige Kirche. Hg. von K. Krämer und K. Vellguth (Kirche der einen Welt 2), Freiburg im Breisgau 2012.

291 Dazu den Überblick in: Handbuch der Kirchengeschichte. Hg. von H. Jedin, Bd. 6/1, Freiburg im Breisgau 1971, 247–307.

292 R. Guardini, Vom Sinn der Kirche (1922); Briefe vom Comer See (1927); Briefe der Selbstbildung (1930); Möglichkeiten und Grenzen der Gemeinschaft (1932) u. a. Grundlegend war ebenfalls E. Spranger, Psychologie des Jugendalters, Leipzig 1924.

293 Die Benediktusregel, hg. von B. Steidle, Beuron 1978, Kap. 3.

294 J. Ratzinger, Christliche Brüderlichkeit (JRGS 8/1) Freiburg im Breisgau 2010, 35–118; Vom Geist der Brüderlichkeit, ebd., 102–118.

295 Im Mittelalter des 14. Jahrhunderts wurde die Bezeichnung als Gottesfreunde für eine mystische Laiengruppe in der Schweiz und am Rhein wieder gebräuchlich. Die freikirchlichen Quäker verstehen sich als Religiöse Gesellschaft der Freunde (englisch *Religious Society of Friends*), ähnlich die Herrnhuter Brüdergemeine, die oft auch als *Unitas Fratrum* bezeichnet wird.

296 K. Rahner, Friedliche Erwägungen über das Pfarrprinzip, in. Schriften 2, Einsiedeln 1954, 299–337; LThK 4 (1995) 417–423.

297 LG 50 f. G. L. Müller, Gemeinschaft und Verehrung der Heiligen, Freiburg im Breisgau 1986; ders., Art. Heiligenverehrung, in: Praktisches Lexikon der Spiritualität, Freiburg im Breisgau 1992, 594–597.

298 Martyrium des hl. Polykarp, 12; Akten der hl. Perpetua und Felizitas, 6; 18; 20.

299 Sulpicius Severus, 3. Brief.

300 Hildegard von Bingen, Buch der Lebensverdienste, Beuron 2014, 46.

301 Hildegard von Bingen, Buch der Lebensverdienste [Anm. 300], 49; Wisse die Wege, Beuron 2010, 532. Vgl. M. Zátonyi, Lebendige Ordnung. Über die Disziplin nach Hildegard von Bingen, in: Erbe und Auftrag 86 (2010) 154–171.

302 Vgl. oben Kap. IV.

303 J. H. Newman, Sankt Philippus Neri, München 1922. Vgl. J. Gülden, in: Die Heiligen, hg. von P. Manns, Mainz 1975, 473–476; P. B. Wodrazka, Philipp Neri – der Apostel der Freude und das Oratorium, Bonn 2006.

304 Franz von Sales, Philothea, Freiburg/Schw.-Würzburg 1988, 213.

305 LG 52–68.

306 Vgl. oben Kap. II.

307 LG 52–68. Überblick in: LThK 6 (1997) 1318–40. Alle namhaften Theologen der letzten Generation haben sich ausführlich zur Mariologie zu Wort gemeldet: R. Guardini, K. Rahner, H. U. von Balthasar, J. Ratzinger, Y. Congar, W. Beinert, R. Laurentin, M. Thurian, B. Forte u. a. G. Greshake, Maria-Ecclesia. Perspektiven einer marianisch grundierten Theologie und Kirchenpraxis, Regensburg 2014, hat einen Verlust der marianischen Dimension beklagt. Das ist in vieler Hinsicht wahr. Sein

Buch stellt einen beachtenswerten Beitrag zur Erneuerung und Vertiefung dar.

308 W. Tappolet/A. Ebneter, Das Marienlob der Reformatoren, Tübingen 1962; H. Petri, Art. Maria in der Sicht evangelischer Christen, in: Handbuch der Marienkunde, Bd. 1, Regensburg ²1996, 382–419.

309 M. Luther, Das Magnifikat, übers. und ausgelegt von H. Riedlinger, Freiburg im Breisgau 1982.

310 U. Wilckens, Das Evangelium nach Johannes (NTD 4), Göttingen 1998, 294–297.

311 LG 53; 63 unter Berufung auf Ambrosius, In Lucam II, 7.

312 LG 67.

Personenverzeichnis

Bibelstellenverzeichnis

Zum Autor

Walter Kardinal Kasper, geb. 1933, Dr. theol., Professor für Dogmatik, 1989–1999 Bischof der Diözese Rottenburg-Stuttgart, 2001 zum Kardinal erhoben, 2001–2010 Präsident des Päpstlichen Rates zur Förderung der Einheit der Christen und der Kommission für die religiösen Beziehungen zum Judentum sowie Mitglied der Kongregationen für die Glaubenslehre und für die Orientalischen Kirchen.

Walter Kardinal Kasper ist Hauptautor des ersten Bandes des Katholischen Erwachsenenkatechismus und Hauptherausgeber der dritten Ausgabe des Lexikons für Theologie und Kirche. Zu seinen zahlreichen theologischen Publikationen zählen unter anderem: *Der Gott Jesu Christi; Jesus, der Christus; Einführung in den Glauben; Theologie und Kirche* (2 Bände), *Katholische Kirche. Wesen – Wirklichkeit – Sendung.* Seine *Gesammelten Schriften* erscheinen im Verlag Herder, Freiburg.

Bei seiner ersten Angelus-Ansprache empfahl Papst Franziskus Kaspers Buch *Barmherzigkeit. Grundbegriff des Evangeliums – Schlüssel christlichen Lebens* (Freiburg im Breisgau (^{5}2016) zur Lektüre. Als Hilfe zum theologischen Verständnis des Pontifikats von Papst Franziskus erschienen 2015 *Papst Franziskus – Revolution der Zärtlichkeit und der Liebe. Theologische Wurzeln und pastorale Perspektiven* (Stuttgart 2015) und 2016 *Das Feuer des Evangeliums. Mein Weg mit Papst Franziskus. Ein Gespräch mit Raffaele Luise* (Ostfildern 2016). Zum Reformationsgedenken nahm Walter Kasper Stellung in seinem Essay *Martin Luther. Eine ökumenische Perspektive* (Ostfildern 2016).

Walter Kardinal Kasper bei Patmos

Mein Weg mit Papst Franziskus

Im Gespräch mit Raffaele Luise

230 Seiten | Hardcover mit Schutzumschlag
ISBN 978-3-8436-0771-1

Wohin führt Papst Franziskus die Kirche? Der deutsche Theologe und der Papst aus Lateinamerika teilen nicht nur die Option für eine barmherzige Kirche. Auch in ihrer Lebenshaltung herrscht ein besonderer Gleichklang: die Liebe zum Einfachen und das Unbehagen gegenüber jedem klerikalen Umgangsstil. Dieser Interviewband eröffnet eine besondere Nahsicht auf Papst Franziskus durch die Augen des deutschen Kardinals.

Martin Luther

Eine ökumenische Perspektive

96 Seiten | Hardcover mit Leseband
ISBN 978-3-8436-0769-8

Luthers Botschaft steht in der Zeit des Umbruchs zwischen Mittelalter und Neuzeit und ist Menschen von heute zunächst fremd. Hört man diesem »fremden Luther« aber erst einmal zu, entdeckt man, wie aktuell seine Botschaft für Christen aller Konfessionen ist – und was ihn mit Papst Franziskus und dessen Einsatz für Barmherzigkeit verbindet. Walter Kardinal Kaspers Buch geht zurück auf einen viel beachteten Vortrag des Autors an der Humboldt-Universität zu Berlin.

Walter Kardinal Kasper bei Patmos

Eine Spur ins Leben

Begleiter durch die Fasten- und Osterzeit

112 Seiten | Hardcover mit Leseband
ISBN 978-3-8436-0889-3

Die Betrachtungen von Walter Kardinal Kasper erschließen das Geheimnis der Auferstehung Christi für die Tiefendimension unseres menschlichen Lebens und vermitteln die biblische Botschaft der Hoffnung für Menschen unserer Zeit.

(zusammen mit Mouhanad Khorchide)

Gottes Erster Name

Ein islamisch-christliches Gespräch über Barmherzigkeit
Herausgegeben von Jürgen Erbacher

120 Seiten | Hardcover mit Leseband
ISBN 978-3-8436-0906-7

Walter Kardinal Kasper hat mit Veröffentlichungen und Initiativen das Thema »Barmherzigkeit« mit ins Zentrum von Theologie und Pastoral gerückt. Für Mouhanad Khorchide, Professur für Islamische Religionspädagogik an der Universität Münster, steht Barmherzigkeit im Zentrum eines modernen Verständnisses des Islams. Dieses Buch dokumentiert ihr Gespräch darüber, was Christen und Muslime im Blick auf Barmherzigkeit miteinander verbindet. Mit einem Geleitwort der deutschen Botschafterin beim Heiligen Stuhl, Annette Schavan, die zu diesem Gespräch eingeladen hatte.